读懂黄河

历史文脉传承 下

主　编　许　强　范宣梅　黄　寰

副主编　林汐璐　王　潇　杨　扬

编　写　张玉婷　辛梦茹　袁慧玲　向雨晴　纪　续　王佳星
　　　　钟　萍　龙江兰　胡志彬　杜梦琦　李永胜　付研研
　　　　唐万虹

希望出版社

图书在版编目（CIP）数据

读懂黄河·历史文脉传承.下/许强著.—太原：希望出版社，2024.12
ISBN 978-7-5379-9295-4

Ⅰ.K928.42-49

中国国家版本馆CIP数据核字第2024E3U302号

图片代理：人民图片网

DUDONG HUANGHE . LISHI WENMAI CHUANCHUENG (XIA)
读懂黄河·历史文脉传承（下）

出 版 人	王　琦
责任编辑	张　路　张　平
复　　审	扆源雪
终　　审	傅晓明
封面设计	王　蕾
责任印制	李　林　李世信

出版发行	希望出版社
地　　址	山西省太原市建设南路21号　邮编：030012
经　　销	新华书店
印　　刷	三河市恒彩印务有限公司
规　　格	720mm×1000mm　16K　印张：11
版　　次	2025年3月第1版
印　　次	2025年3月第1次印刷
印　　数	1—5100册
书　　号	ISBN 978-7-5379-9295-4
定　　价	52.80元

版权为本社独家所有，未经本社同意不得转载、摘编或复制

目录

前言 …………………………………………………………… 01

第一章　隋唐时期

黄河文化的盛世………………………………………………… 2
隋唐大运河的致富路…………………………………………… 7
精耕细作………………………………………………………… 11
起底古今科考制………………………………………………… 16
外国友人来华记………………………………………………… 20
水车转动千年农耕梦…………………………………………… 22
藏在黄河边的石窟故事………………………………………… 27
流金溢彩唐三彩………………………………………………… 35
以诗颂黄河……………………………………………………… 40

第二章 宋元时期

黄河多元文化融合……………………48
活字印刷改变世界……………………52
治河利器埽工…………………………60
大运河纵贯南北………………………65
文学明珠宋词…………………………72
香药飘飘话医学………………………77
贾鲁巧治白茅堤………………………82
《授时历》精准授农时…………………86
元曲唱响人间情………………………94

第三章 明清时期

黄河引入"洋流"………………………100
"一岁数收"的田间趣味………………102
天下黄河,文学故乡…………………109
"云雾"明清……………………………114

第四章　近代

黄河的怒吼……………………………………120

殖民入侵后的对外贸易………………………123

工农齐发展……………………………………129

实业救国，教育兴国…………………………133

铁龙疾驰………………………………………137

新式学堂………………………………………146

邮来电往………………………………………148

时尚"新风"……………………………………152

新式娱乐活动…………………………………157

后记 ………………………………………… 163

▲ 黄河风光

▼ 黄河风光

前 言

"君不见,黄河之水天上来,奔流到海不复回!"黄河穿过了高山、平原、戈壁、荒漠,也贯穿了中华五千年的文明。一方水土养一方人,黄河作为中华民族的母亲河,她不仅滋养了土地,也滋养了文明。扎根于黄河文明的中华文化,更是随着河水的奔流不断地创新发展。

"以史为鉴,可以知兴替。"隋唐时期(581年—907年)的国都,都位于黄河流域。得益于强大王朝的作用,隋唐时期黄河流域的交通、农业、经济、文化、人口、艺术等方面都达到了空前繁荣,并在中国历史和世界历史的长河中留下了浓墨重彩的一笔。

宋元时期(960年—1368年),国势强盛,各民族融合趋势越发明显,中外文化交流进一步扩大和发展,黄河流域也呈现了新的发展活力。

明清时期(1368年—1911年),封建专制主义集权逐渐加强,资本主义萌芽出现并缓慢发展,人们的思想受到严格控制。但实际上明清时期对外文化的交流,并没有被完全限制,随着历史车轮的转动,明清王朝也无法避免地落入时代的洪流中,开始与整个世界有了紧密的联系。近代,是中国大变革的时代。这一阶段,受西方资本主义的影响,黄河流域的政治、经济、交通运输、对外交往和文化生活都有了明显的发展与转变。

在这本书中,我们可以和琪琪一起,以时间为轴线,游历蜿蜒的黄河,从一个又一个历史故事中,去看看几千年前到几百年前,黄河流域的人民在做什么,在想什么,在创造什么。

▲ 黄河岸边的麦田

第一章 隋唐时期

黄河文化的盛世

隋唐时期，是隋朝和唐朝两个朝代的合称，始于公元581年，结束于公元907年。这一阶段是中国历史上较为强盛、安定的时期之一，我国的封建社会在这300多年间取得了很大的进步与发展。在隋唐统治的300多年里，国都都位于黄河流域，分别为长安、洛阳等地。得益于强大王朝的辐射作用，隋唐时期黄河流域的交通、农业、文化、艺术等方面都达到了空前繁荣，并在中国历史和世界历史的长河中留下了浓墨重彩的一笔。

隋唐时期，黄河流域的繁荣离不开完善的基础建设。隋唐统治者对黄河清晰的认识和合理的政策是黄河流域繁荣的重要条件。黄河作为重要的水路和漕运通道之一，为我国东西部地区的货物运输提供了很大的便利。依托黄河和大河的地理优势，隋唐时期的军事实力较为强悍，其优越和完善的调度制度，保障了在灾害时期统治者可以及时调度各方资源。黄河就像血管连接着四面八方，是盛世背后不可缺少的支撑。

科举制度在这个时期被统治者所采纳。不问出身、相对公平的选官制度，在一定程度上打破了官场的桎梏。先进的人口政策还为官场引入新鲜血液，百姓的社会阶层属性有了流动的可能。这在一定程度上维持了黄河流域的总体稳定。同时士农工商的等级划分观念深入人心，隋

▼黄河风光

▼ 黄河风光

第一章 隋唐时期

唐时期出现了更多读书谋官者,民众的整体素质和认知水平呈现上升的趋势。

当然,自然经济一直在我国封建社会的产业结构中占据着重要地位,水田农业更是在隋唐的产业结构中占据着绝对的分量——在这个阶段,自然经济发展迅速。安史之乱后,百姓借助黄河和大运河由北向南移民,为黄河以南带去了先进的农作技术,水车等农具在实践中被改良推广,农学著作也在人口往来中被普及,这些都大大提升了隋唐时期水田农业的效率和作物产量。另一方面,隋唐时期开放的政策和朝贡往来的需要、经济贸易的发展,使得商品经济在经济结构中占据了重要的地位。有了黄河流域发达的自然经济和商品经济的保障,黄河流域的人文艺术便在这样的基础上百花齐放。

隋唐时期的文化艺术拥有了一定自由发展的空间。隋唐先进的人口政策,吸引外来移民,为黄河流域带来新的思想。科举制度下培育的文人墨客,更是在诗歌创作上达到了高峰。黄河文化新旧碰撞、中外碰撞,诞生了一系列优秀的人文作品,如陶瓷、壁画等,许多传统艺术,也在这个时间有了新的发展和体现。

运河之畔吟诗作对论往昔

隋唐大运河的致富路

一天下午,琪琪和爸爸来到杭州的京杭大运河旁散步。树叶的碎影洒落在路上,河风轻拂,爸爸心情不错,便想和琪琪对诗几首,琪琪先一步念道:"汴水流,泗水流,流到瓜州古渡头。吴山点点愁……"

"琪琪,这是白居易的《长相思·汴水流》,你在这儿背诵这首诗,是不是有点不合适啊?"爸爸打断了琪琪的话,拉着他在街边的石凳上坐了下来。

> **知识点**
>
> 隋唐大运河于公元605年开建,由隋炀帝主持,历时5年,即公元610年建成。隋唐大运河的航线北起北京,南至杭州,流经天津、河北、山东、河南、安徽、江苏、浙江等省级行政区。

"啊?这首诗不是写运河的吗?"琪琪发现自己背错了地方,小脸顿时红了起来。

"没错,这首诗是写运河的,但写的是隋唐大运河,而不是京杭大运河。"爸爸解释说,"虽然两条运河都经过杭州,但是隋唐大运河的中心在洛阳,而京杭大运河并不流经洛阳。而且,诗里提到的汴水、泗水、瓜州和吴山这四个地方,正好形成了一条从北到南的路线,这条路线和隋唐大运河的一些河段是相符的。"

"河段?"琪琪对这个新词很感兴趣,立刻认真起来,"都有哪些河段呢?"

"隋唐大运河由通济渠、永济渠、邗沟和江南运河四部分组成。"爸爸说着,在石凳上画了一个像"人"字形的图案,让琪琪能大致了解永济渠的样子。"通济渠连接了洛阳和扬州,还与黄河和淮河相连;永济渠则连接了北方的黄河和海河;邗沟和江南运河又与永济渠的南端相连,一直延伸到钱塘江边。"

▲ 隋唐大运河卫河（永济渠）浚县段

▲ 京杭大运河

> **小小地理家的话**
>
> 　　漕运是一种古代中国用来运送公粮的重要方式，被运送的这些公粮称为"漕粮"。漕运有三种主要的方式：通过河流运输、通过海洋运输，还有水路和陆路结合的方式。不过，最常用的方法是利用运河和天然的河流来运输粮食。

　　"原来如此，通济渠就是诗句里的'汴水'吧？"琪琪问道。

　　"对，通济渠最早是西汉时期的汴渠。到了隋朝，隋炀帝发动了很多百姓来修建通济渠。唐朝时，人们把通济渠改称为汴河。因为通济渠与黄河相连，所以河水里有很多泥沙，常常会堵塞河道。如果通济渠被堵住了，粮食运输也会中断。因此，唐朝政府多次派人去清理河道，确保漕运畅通无阻。"

　　琪琪摸着下巴，若有所思地说："有了这些河渠，可以方便地运送粮食，还能让南北的人们更容易往来，促进商业交流。打仗的时候，还可以用来运送士兵和物资，帮助军队调动和传递信息。难怪各个朝代都愿意花这么多力气来修建和维护运河。"

　　"你说得真好，考虑得很周全。"爸爸笑着夸奖道，"虽然人们对隋炀帝开凿运河的做法看法不一，但他确实为后世带来了很多好处，正如你所说的那样。"

精耕细作学问大，隋唐农业顶呱呱

精耕细作

太阳已经高高挂起，琪琪却还在被窝里赖着不起床。突然，"咚咚咚"的敲门声响起，爸爸端着香喷喷的饭菜走进房间，那香味一下子就钻进了琪琪的鼻子里。

"琪琪，再不起来，你的饭菜我就要喂给小狗吃啦。"爸爸把饭菜在琪琪鼻子前晃了晃，香气更加诱人了。他拍拍还迷迷糊糊的琪琪，"我数到三就拿走哦。一、二……"

"别呀，爸爸！我这就起来！"琪琪一下子清醒了，眼睛水汪汪地看着爸爸说："唐代诗人李绅都说过：'谁知盘中餐，粒粒皆辛苦。'这么珍贵的米饭，您怎么能拿去喂小狗呢？"看到爸爸真的要把饭端走，琪琪赶紧坐了起来。

爸爸见琪琪这么紧张，笑着摇了摇头，说道："你现在知道粒粒皆辛苦了，那我考考你，你知道唐代的人们是怎么种粮食的吗？"

琪琪急忙洗漱完毕，从爸爸手里接过饭菜，坐在桌边开始吃饭。"我知道！是精耕细作。"琪琪边吃边说，"老师讲过，精耕细作能让田地里长出更多的粮食，因为它用更细致的方法和更多的工具来种地，这样比以前简单粗暴的方式更好，也更环保。"

"对极了，"爸爸点点头，"隋朝的时候实行均田制，到了唐朝，唐太宗继续使用这种制度，而且减轻了百姓的负担，人口也越来越多。后来安史之乱发生，很多人南迁，带去了先进的种植技术，比如育秧和移栽等。唐代还发明了一些新农具，像曲辕犁和筒车，这些都帮助了农业的发展。"

琪琪喝了一口小麦茶，眼睛亮晶晶地说："我记得老师说过，水对我们很重要，没有水农作物就长不好。那隋唐时期的人们是不是也很会用水呢？"

"没错，他们非常善于利用水资源。"爸爸解释道，"在唐朝中期之前，北方有很多水利工程，比如修复了'六门堰'和'升原渠'，还有秦汉时期的郑白渠也被重新疏通，形成了三条支流，称为'三白渠'。此外，人们还在泾河上建了一个大坝。同时，引洛灌区也被修好了。"

"其中，六门堰是在西汉成国渠的基础上扩建的，增加了六个水门，还引入了苇川、莫谷、香谷、武安四大水源。经过唐代的不断修建和扩展，水渠系统变得更加完善，为农田提供了稳定的水源，大大促进了农业发展。"爸爸补充道。

"隋唐时期的农业这么厉害，一定有很多关于农业的书吧？"琪琪好奇地问。

爸爸拿出一本泛黄的小册子，上面写着"茶经"两个字。"确实，在

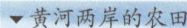
▼ 黄河两岸的农田

隋唐时期，出现了很多专业的农书。唐代的《兆人本业》就是我国第一部由官方编写的农书，这说明当时政府很重视农业。另外，《茶经》和《耒耜经》等书籍对农业生产也有很大的帮助。"

"虽然有了这么多进步的技术，但还是离不开农民们的辛勤劳动。"爸爸提醒琪琪继续吃饭，"没有辛勤的劳动，再好的科技也没办法生产出粮食。所以，琪琪，以后吃饭时可不能再挑食了。"

琪琪点点头，认真地吃起了早餐，心里默默地想着以后一定要珍惜每一粒粮食。

▼水车

一纸考卷，千载科举，古人的智慧与努力成就了选拔人才的传奇之路

起底古今科考制

学校放学后，琪琪和爸爸走在回家的路上，门口的一条红色横幅吸引了琪琪的注意。

"恭喜本小区2栋3户家的孩子被北京大学录取。"琪琪脱口将横幅上的字念了出来，"好厉害，我以后也要考北京大学。"

"'投牒自进，按科应试，共同竞争，试后有黜落，中试者举用之，然后为真正考试。'琪琪，这句话说的是古代的一种选贤举能的制度，这种制度和现在的高考很像，你知道是哪个制度吗？"爸爸想考考琪琪。

琪琪挠挠脑袋回答道："是科举制，对吗？"

爸爸点点头继续说："没错！在唐代，科举考试有两种形式：常举和制举。常举每年定期举行，分不同的科目进行考试；而制举是由皇帝特别下令举办的，不是每年都有的。这两种考试的形式、内容和方法都有很大的不同。其中，常举的长期性和定期性是科举制最重要的特点。"

"那常举有哪些考试科目呢？"琪琪翻了翻书包，里面装着各种颜色封面的课本。

爸爸看了一眼琪琪的书包，回答说："唐朝的考试科目可多了，不同时期设立的科目也不一样，总共有几十种呢。常见的科目有秀才、明经、进士、明法、明字、明算、道举和童子等。除了这些文科考试外，武则天还开创了武试，考查举重、骑射、步射、马枪等技能，甚至要求考生个子高大，有将军的样子。不过，武试有时候会被取消。"

"爸爸，你说考试科目里有一门叫'进士'，但老师说'进士'是指通过殿试的人，为什么它又是一个科目呢？"琪琪眨巴着眼睛问。

"到了元明清时期，'进士'才用来称呼通过殿试的人。但在唐朝，进士和明经都是考试科目，并且是非常重要的两门。进士科主要考诗赋

▲全国首个科举考试制度木雕作品

写作能力，而明经科主要考儒家经典知识。明经科比较死板，只要会背诵就行；进士科则更灵活，需要有一定的创新思维。进士科录取人数很少，只有明经科的十分之一，所以地位更高。后来，进士科成了最重要的科目。"

"那进士作为通过殿试的人的称呼，是不是就像我们现在的高考状元一样？"琪琪好奇地问。

"对，我们现在所说的'状元'就是从科举制来的。"爸爸笑着解释，"在科举制下，通过乡试的考生称为举人，第一名叫做解元。通过会试的举人称为贡士，第一名叫做会元。最后，由皇帝亲自主持的殿试，第一甲赐'进士及第'称号，第二甲赐'进士出身'称号，第三甲赐'同进士出身'称号。第一甲只有三个人，第一名是'状元'，第二名是'榜眼'，第三名是'探花'。"

▼应试场景

"古代的考试等级真的好严格啊,一层一层的。可以理解为越往上走难度越高,对吧?"琪琪问道。

"对,确实是这样。但一旦到了殿试阶段,就相当于现在高考上线了。贡士参加殿试一般不会落榜,最差也是第三甲,即'同进士出身',相当于有个保底。"

"原来是这样,我以后要努力学习,争取成为'进士'!"琪琪迅速收拾好书包,握紧小拳头,拉着爸爸往家走,"快走吧,爸爸,我要回家好好学习!"

爸爸看着充满干劲的琪琪,欣慰地笑了。听到琪琪的话,爸爸忍俊不禁:"哈哈,要考咱就考个状元。走,爸爸回家给你多剥几个核桃,补补脑子。"

▼ 游客在观看"金榜"

历史文脉传承 下

穿越千年的繁华,唐代的大门向全世界敞开

外国友人来华记

广场上人声嘈杂,车水马龙,爸爸和琪琪正坐在广场的凳子上吃甜筒。正当琪琪吃到最后一口时,一个金发碧眼的外国男生向他问路,琪琪耐心地为这个迷路的外国男生指路后,才将最后一口甜筒吃进嘴中。

"琪琪,你英文不错嘛。不过我听那个外国男生中英夹杂的口音,应该是在我们当地生活了一段时间了。"爸爸看着外国男生远去的背影,对琪琪说。

"爸爸,我感觉这几年到我国居住的外国人变多了。"琪琪扫了一眼广

▲ 外国人体验传统春节民俗

场上的人群说。

"哈哈,因为我国强大起来了呀。"爸爸笑了笑,继续说,"其实早在唐代,就有很多外国人生活在中国。这些外国人几乎都是前来求学考官的学生、通商的商人、传教的教徒等。"

"求学考官?唐代还允许外国人当官吗?"有了问题,琪琪立刻提问。

"唐代在这方面是一视同仁的,对待外来移民,唐代确实可以称得上开放。"爸爸说道,"唐代,我国实力空前强大,像新罗、日本等地都派送'遣唐使'前来学习,唐代统治者对他们很优待,而且国子监也招收外国学生,这些外来人可以通过科举考试或者其他方式成为朝廷官员,像我们所熟悉的崔致远、阿倍仲麻吕等人,都是外国派来我国学习的,后来都成为唐代的外籍官员。"

> **知识点**
>
> 国子监,由晋武帝初设,一开始被叫作"国子学",至隋炀帝时方将"国子学"改为"国子监"。国子监拥有两种职能:一是作为我国古代最高教育管理机构,类似现在的教育部;二是我国的最高学府,类似现在的大学,在国子监求学的学生被称为监生。

"给了外国人这么好的政策,那这样岂不是对本国的百姓不公平吗?"琪琪发问。

"这其实是为了国家的发展考虑。一开始,政府给了外国人一些优惠,比如减税,但这主要是为了吸引更多人才,增加国家的收入。当然,并不是所有的外国人都能留下,对于那些超期逗留的人,统治者会让他们回国,这也是保持人口平衡的一种方法。"爸爸说。

琪琪用手托着下巴,问道:"爸爸,您说还有传教士来唐定居?这又是怎么回事呢?"

"唐代的外国人中,确实有小部分是来传教的。"爸爸顿了顿继续说,"公元635年,景教僧侣阿罗本来到大唐,唐太宗李世民亲自接见了阿罗本。不过这些宗教都依附于唐代政权,所以唐代的统治者对待这些传教士比较友好和客气。"

"爸爸,我想一直留在家乡生活,您一定要陪我长大,给我讲好多好多知识,再陪我变成别人的爸爸。"琪琪眨了眨圆溜溜的眼睛,直视着爸爸,很真诚地说。

"哈哈哈,好啊。"听了琪琪的话,爸爸忍俊不禁。

历史文脉传承 下

水车转动千年农耕梦

小小水车转动千年智慧，灌溉田野，助力丰收，是古人勤劳与聪明的结晶

一阵嘭嘭嘭的敲门声传来，琪琪光着脚丫去开门。门一打开，爸爸手里捧着一个木制玩具，满脸笑容。

"琪琪，我收到你数学满分的短信了。为了奖励你，这是送给你的礼物。"爸爸将手中的木制玩具递到琪琪的手里。

"爸爸，这是摩天轮吗？怎么长得和游乐园里的不一样呢？"琪琪用手把玩了一下，居然还能转动呢。

爸爸听琪琪说这是摩天轮，便用右手食指拨弄了一下模型，笑着回复道："这哪里是摩天轮，这是筒车模型，是水车的一种，筒车的别称又叫'天车''竹车''水轮'，它作为一种工具，常被用于农业灌溉中。"

"原来不是摩天轮呀。那古代是从什么时候开始使用水车作为灌溉工具的？"琪琪两眼放光，一副颇为好奇的样子。

"最早关于'水车'的记载出现在东汉末年。那时候，灵帝让人造了一种叫'翻车'的东西，它已经有了水车的基本样子。《三国

志·魏志》里也提到了'翻车',所以我们可以认为水车发展的第一个阶段大概是从东汉到三国时期。"爸爸一边拨弄着水车,一边回答琪琪的问题。

"那水车发展的第二个阶段一定是唐宋时期了吧?"琪琪揉了揉好奇的眼睛。

爸爸点点头,继续说:"对,在唐宋时期,水车有了很大的改进,尤其是轮轴部分,这让水车的工作效率更高了。这时候用的水车叫'筒车'。筒车帮农民省了很多力气,南宋诗人张孝祥还写诗夸过呢。"

"杜甫的《连筒灌小园》讲的应该也是这个吧?"琪琪想起了早上看到的古诗,问爸爸。

▼ 黄河水车转起来的风景

历史文脉传承 下

24

▼ 兰州水车

> **小小地理家的话**
>
> 兰州水车是在明朝嘉靖年间由一个叫段续的兰州人设计制造的。从那以后,黄河两岸的农民都开始模仿制作这种水车,所以兰州水车在黄河上游,从青海到宁夏这一段地区被广泛使用。水车是一种能转动的工具,它展示了我国古代农业工具的科学进步,对古代小农户的生产和生活帮助很大。

爸爸摇了摇头,说道:"不过,筒车在唐朝时已经在黄河流域广泛使用了。日本的《太政府符》也有提到筒车,说明筒车那时已经传到了日本。此外,还有一些东亚国家也在用我们的筒车技术。南宋以后,筒车在我国的应用更加普及,甚至一些地方的名字,像'筒车湾''筒车沟',都跟当年筒车流行有关。"

琪琪摸了摸下巴,又问道:"那水车的第三个发展阶段呢?"

"到了元明时期,水车发展进入了第三阶段。在这之前,很多水车都需要人踩踏来工作。但这时的水车齿轮从一组变成了三组,还能利用风力和地形,让人们不用再踩踏板了。即使在水流不多的地方,也可以用牲畜来驱动水车。而且,这些水车不仅能从低处抽水灌溉,还能在水太多的时候排水。各种各样的水车中,最出名的就是兰州水车了。"爸爸耐心地解释道。

琪琪拨了拨水车的转轮,感叹道:"没想到这么简单的装置,居然能给农业生产带来这么大的帮助,真是四两拨千斤啊!爸爸,我太喜欢您送的这个礼物了!"

爸爸微微一笑:"喜欢,你就把它放好,千万别把模型弄坏了。"

石窟里的秘密，每一龛每一道刻痕都藏着古人的智慧与信仰

藏在黄河边的石窟故事

午后的客厅里传来优美的歌声，此时琪琪刚结束惬意的午觉，揉揉惺忪的睡眼来到客厅，原来是爸爸正在看电视。电视上七名衣着古典的舞者在跳舞，舞台上花瓣散落，舞者脚下是金色的莲花底座，衬托得舞者宛若仙女飞天。琪琪被电视画面吸引住了，不禁发问："爸爸，这是什么舞蹈？好飘逸、好特别。"

"这支舞叫《飞天》，灵感来自敦煌莫高窟里的壁画。舞蹈把壁画中著名的飞天形象表现出来了。"爸爸从桌子下面拉出一把椅子，挥了挥手让琪琪坐下，一起欣赏，"琪琪，你知道中国四大石窟吗？"

琪琪挠挠头，眼睛还是盯着电视："中国四大石窟应该是敦煌莫高窟、洛阳龙门石窟、天水麦积山石窟和大同云冈石窟。对吧？"

"没错！"爸爸继续说，"唐代是石窟建造最辉煌的时期，因为黄河流域是唐代的政治和文化中心，所以很多石窟都在那里。其中，敦煌莫高窟的内容最丰富，龙门石窟的洞窟数量最多。"

"我听老师说过莫高窟，里面有很多塑像，所以又叫千佛洞。隋唐时期，莫高窟用圆雕技术制作了很多非常高大的塑像，比以前的更大更壮观，

知识点

飞天，现在通常用来特指中国敦煌壁画中的一种艺术形象。最初，飞天是指石窟壁画和石刻中的一种神灵，这些神灵在壁画和石刻中常常是飞翔在空中的样子。飞天艺术从十六国时期开始兴起，到了元朝逐渐没落。飞天的形象一般看不出是男是女，他们穿着轻盈飘逸的衣服，身上缠绕着彩色的丝带，看起来像是靠在云朵上，但又不完全依靠。有趣的是，飞天背后没有翅膀或羽毛，但他们却能在天空中自由自在地飞翔，姿态非常优美。

▼莫高窟

▶敦煌莫高窟

也更具有中原风格。"琪琪转过头来，主动补充道。

爸爸点点头，表示赞同："除了圆雕，还有影塑、泥塑等多种形式。石窟里的壁画内容非常丰富，不仅有飞天，还有高山流水的风景画、活泼的花鸟画、各种佛教故事画，以及记录人们日常生活的画，真是应有尽有。"

琪琪用手托着下巴，听得津津有味，突然打了个响指，好像想起了什么："爸爸，那个'剪刀手'佛像和奉先寺是在莫高窟吗？"

爸爸摇摇头，回答说："'剪刀手'佛像和奉先寺其实是在龙门石窟。奉先寺建于唐高宗时期，后来被洪水冲毁了。唐玄宗下令把它迁到高处，并与龙华寺合并，形成了现在的奉先寺。现在我们常说的奉先寺实际上是'大卢舍那像龛'，是龙门石窟里最大的一组雕像。里面的卢舍那大佛是龙门石窟中最大的一尊佛像，以神秘微笑著称。龙门石窟分为魏窟和唐窟，其中大部分都是在唐代开凿的。唐代国力强盛，这一点从石窟中的佛像也能看出来，它们大多面容温和，体态丰满。"

"那云冈石窟呢？我之前听人说，'鲁班窑'是云冈石窟的别名，这么大的石窟怎么会有工匠的名字作为别名呢？"琪琪挠了挠后脑勺，继续问道。

"鲁班窑确实存在，但它只是云冈石窟的一部分，规模不大，对研究云冈石窟的历史有些帮助，但并不是云冈石窟的别名。云冈石窟和其他两个石窟有点不同，敦煌莫高窟和龙门石窟主要是在隋唐时期修建的，而云冈石窟则在北魏时期就已经基本完工了。"爸爸笑着说，拍了拍琪琪的背。

小小地理家的话

敦煌莫高窟里有700多个洞窟，墙上画着大约45000多平方米的壁画，还有2415多尊彩色的塑像。它是我国第一批非常重要的文物保护单位，也是世界上最大的石窟之一。这些洞窟和壁画不仅对研究历史非常重要，还充满了艺术的魅力，非常值得一看。

1987年，联合国教科文组织的世界遗产委员会把敦煌莫高窟认定为世界文化遗产，并把它列入了《世界遗产名录》。这意味着敦煌莫高窟不仅是中国的宝藏，也是全世界的宝贵财富。

历史文脉传承 下

32

▲ 云冈石窟

第一章 隋唐时期

▲ 河南洛阳龙门石窟"剪刀手大佛"

"早期的云冈石窟受西域艺术影响很大,到了中期,开始采用中国宫殿建筑的题材,发展出了中国特色的佛像龛,并广泛应用于后来的石窟建造中。晚期的石窟布局和装饰更多地采用了中式风格。所以,对比云冈石窟早期和晚期的作品,你会发现它们的风格有很大的不同。"

"麦积山石窟位于甘肃省天水市的小陇山上,是一座孤峰,海拔1742米,山顶离地面142米。因为山形像麦垛,所以得名麦积山。它被称为东方雕塑博物馆。"

"看来石窟的学问还不少哩!以后我工作了,要带爸爸去把四大石窟都旅游一遍。"琪琪朝爸爸咧咧嘴,脸上露出开心的笑容。

唐三彩，色彩斑斓的古代艺术品，描绘出丝绸之路的繁荣景象与远行梦想

流金溢彩唐三彩

在一个阳光明媚的周末午后，琪琪和爸爸来到了古玩市场。天桥下的地摊上摆满了各种各样的古董，真假难辨，一下子就吸引了琪琪的目光。他迫不及待地"哇哦"一声，飞快地跑到一个摊位前蹲下，拿起一个陶土制品仔细端详起来。

琪琪揉了揉眼睛，把这件三色物件儿的底部擦干净，然后转头对爸爸说："爸爸，这个东西上面有三种颜色，好漂亮啊！我听说唐三彩也是这样的，有三种颜色，对吗？"

"让我看看。"爸爸接过那个小物件，仔细观察了一会儿。这是一件两马拉车的陶器，全身以铅黄色为主，夹杂着青色和绿色，底部是白色的，摸起来非常光滑细腻。"这就是唐三彩。不过，并不是所有有三种颜色的东西都是唐三彩。唐三彩有很多种颜色，比如白色、绿色、黄色、蓝色、褐色和黑色等，但最常见的还是白、绿、黄这三种颜色。"

琪琪吐了吐舌头，又从

▲ 唐三彩擂鼓女俑

爸爸手里拿过唐三彩："这个颜色真好看，我想买一个放在床头。"

"唐三彩的胎料非常光滑细腻，通常是用白色的黏土在1000℃到1100℃之间烧制而成。它的釉料里含有铅，这样可以降低烧制时的温度。为了给陶土上色，人们会用铜、铁、钴等金属氧化物作为颜料，这些颜料会在烧制过程中融入铅釉中，给陶器染上美丽的色彩。最后还要给陶器上的小人画上脸和细节，这样一件唐三彩才算完成。"爸爸摸了摸琪琪的头，继续说道，"唐三彩的颜色确实很漂亮，不过你确定要放在床头吗？"

"为什么不能放呢？唐三彩有什么特别的故事或忌讳吗？"琪琪紧张地问。

爸爸看到琪琪紧张的样子，忍不住笑了："也不能说是忌讳。只是在唐代，无论是官员还是普通百姓，都喜欢在墓葬中放很多陪葬品。唐三彩虽然容易碎，但颜色鲜艳贵气，所以经常被用来做陪葬品。不同官职的人能陪葬的唐三彩数量也不同。正因为如此，唐三彩很快就在中原地区流行起来了。不过，那时候老百姓家里多用的是青瓷和白瓷，唐三彩主要是用于陪葬。直到新中国成立后，唐三彩才开始被当作装饰品和礼物使用。"

琪琪点了点头，说："不过，我觉得唐三彩里的马看起来很逼真，难怪它那么受欢迎。"

"没错，马和骆驼是最常见的题材。除此之外，人物和生活用品也是唐三彩的常见题材。马在古代是用来运输、生产和打仗的工具，而骆驼因为丝绸之路的贸易频繁，也变得非常重要。"爸爸指着琪琪手中的唐三彩马说，"唐三彩中的马通常眼睛圆睁，耳朵紧贴身体，尾巴也被

> **知识点**
>
> 素烧，是陶瓷生产加工过程中众多工序中最重要的一个流程。素烧这种工序的好处在于可以增加陶坯的韧性与强性，成品的抗碎裂能力更强，不易毁坏。一般需要多次烧制的陶器都会用到素烧的技艺，先素烧器坯，烧制完成后涂釉，然后再次入窑烧制。已发现素烧的有河南巩县（今巩义市）唐三彩、河北磁县宋金磁州窑低温铅釉陶器、河南禹州宋钧窑、浙江南宋龙泉窑等。

▼ 海陆丝绸之路跨时空对话

▼仿古"唐三彩"艺术品

雕刻得硬挺,表现出一种欲动又止的姿态,确实栩栩如生。"

"原来如此,那我们买下这个收藏起来当传家宝吧。"琪琪拿着唐三彩站了起来,走到地摊老板面前问道,"老板,这个多少钱?我们要买。"

"琪琪别急,听我说完再决定买不买,好吗?"爸爸从琪琪手中接过唐三彩,轻轻放下,"你刚才拿的这个只是一个工艺品,没有什么收藏价值。而且,买卖真正的文物是违法的,我们不能这样做。如果你喜欢,我可以带你去博物馆看真的唐三彩,怎么样?"

"好吧。"琪琪嘟了嘟嘴,失望地和爸爸离开了古玩市场。

小小地理家的话

习近平总书记说过:"文物承载灿烂文明,传承历史文化,维系民族精神,是老祖宗留给我们的宝贵遗产,是加强社会主义精神文明建设的深厚滋养。保护文物,功在当代、利在千秋。"唐三彩就像是一轮明亮的月亮,照亮了我国悠久的传统文化。考古学家发现,朝鲜的新罗三彩和日本的奈良三彩都学了很多唐三彩的技术。古代的时候,唐三彩还通过丝绸之路传到了地中海和西亚等地,对世界的陶器发展都有一定的影响。

黄河悄悄溜进唐诗里，看黄河如何在诗中玩耍，感受唐朝那欢乐的气息

以诗颂黄河

天刚蒙蒙亮，窗外泛起了鱼肚白。爸爸提着买回来的包子和馒头，刚打开家门，就听到一阵响亮的读书声："河源发昆仑，连乾复浸坤。波浑经雁塞，声振自龙门……"

爸爸顺着声音来到阳台，原来是琪琪正在晨光中背诵古诗。看着琪琪这么努力，爸爸感到很欣慰，便招呼他先过来吃早饭："琪琪，先来吃早饭吧。你刚刚背的是李世民的《黄河》吧？这可是唐代关于黄河的第一首诗呢。"

琪琪咬了一口包子，说道："我最近背的古诗里好多都写到了黄河呢。比如'大漠孤烟直，长河落日圆'，还有'黄河远上白云间'……我发现诗歌里的黄河出现得特别多，就像月亮和柳树一样。"

爸爸笑着说："唐诗里确实有很多描写黄河的地方。这是因为唐朝有一种考试叫科举，其中有一部分是用诗歌来选拔官员，这让唐诗变得非常流行。再加上唐朝经济和文化都很繁荣，交通也很方便，文人们可以四处游历，所以从初唐开始，黄河在古诗中出现得越来越多，而且大多是表现它的雄伟壮观。"

"黄河只有一条，看起来总是那么威武雄壮，但不同诗歌中的黄河表达的感情也不同吧？"琪琪提出了疑问。

"你说得对。"爸爸点头说，"比如'黄河入海流'这句诗，就是用黄河来表达勇往直前、不断进取的精神，这跟盛唐时期疆域不断扩大的背景很契合。而像'黄河西来决昆仑'这样的诗句，也不仅仅是描述景色或感受。因为黄河横贯东西，沿途有很多美丽的风光带，很多诗人会把黄河作为诗歌的线索，串联起沿途的景物，选择与自己心情相呼应的景色来写进诗里。"

琪琪挠挠头，若有所思地说："可是您刚才说的都是黄河在唐诗中好的一面，黄河的雄伟壮阔可以对应豁达或坚韧的心情。但是到了中唐

时期,安史之乱给唐朝带来了许多危机。这个时候唐诗中的黄河又是怎样的呢?"

"黄河不仅能表达雄伟的心情,在边塞诗中也有很多黄河的意象,并且这些诗歌中的黄河起到了很重要的作用。"爸爸清了清嗓子,继续说,"黄河是重要的交通要道,承担着运输粮食的任务,也是重要的水路。唐朝中期,既有农民起义,又有外部入侵,形势紧张,诗歌风格转向现实主义。唐宪宗也非常重视边疆问题,所以在这种背景下,边塞诗中关于黄河的描写特别多。"

"黄河在边塞诗中具体有什么作用呢?"琪琪不甘心地追问。

"比如说'岁岁金河复玉关'这句诗,你应该就能明白了。因为黄河横跨我国的地势三级阶梯,流域范围很广,所以它能反映具体的地点。这首《征人怨》就是以黄河为线索,将不同的地方串联起来,描写了我国西北边塞地区的情况。"爸爸眯起眼睛,"当然,到了晚唐时期,唐王朝名存实亡,诗人们更关注国家和人民的生活,对景色的关注少了,黄河在诗歌中出现的也就少了。"

"原来诗歌背后还有这么多历史背景啊,看来我读书还不够透彻。"琪琪听了爸爸的话,三两口就把剩下的包子全吃完了。

爸爸点点头,说:"书读百遍,其义自见。琪琪,继续去学习吧。"

小小地理家的话

安史之乱发生在唐朝的天宝年间,所以也叫天宝之乱。这场动乱是唐朝从鼎盛时期走向衰落的一个重要转折点。安史之乱开始于公元755年,持续了8年才结束。

这场动乱是因为很多社会问题积累到一定程度后爆发的。这些问题包括中央政府和地方政府之间的矛盾、统治者和老百姓之间的矛盾,还有统治者内部的矛盾。其中,统治者内部的矛盾变得越来越严重,是引发安史之乱的主要原因。

安史之乱是由安禄山和史思明发起的,他们想要夺取唐朝的统治权,因此引发了一场内战。这场战争给当时的人民带来了很大的苦难,也让唐朝的力量大大削弱了。

▼ 黄河风光

▲ 黄河风光

▼ 黄河风光

第二章 宋元时期

黄河多元文化融合

宋元时期，从960年宋朝建国到1368年元朝覆灭，共经历了400余年。宋朝的建立，结束了五代十国长期分裂割据的局面，在一定程度上恢复和发展了社会生产力。北宋初期，社会稳定，政治、经济获得了进一步的发展。元灭宋后，中国的疆域扩大到了历史上的最高峰，对外交流也随之进一步发展。总之，宋元两朝，国势强盛，各民族融合趋势越发明显，中外文化交流进一步扩大和发展。在这样的条件下，黄河流域也呈现了新的发展活力。

到了宋朝，商业贸易进一步发展，经济发展到了前所未有的繁荣程度，四川地区出现了世界上最早的纸币——交子。宋朝的城镇经济发展迅速，

北宋开封府的人口超过百万,店铺则多达6400余家。北宋末期,全国范围内人口超过十万的城市已经有46个,如开封、洛阳、镇江、成都、广州、杭州等。市井文化和娱乐文化也逐渐兴起,瓦舍成了重要的大众娱乐场所。瓦舍内的演出内容大都贴近普通人的生活,通俗易懂,同时,还出现了专门在瓦舍内演出的人,演出的种类有杂剧、杂技、说唱和武术等。另外,宋代已经出现了原始的商标和招牌。

元朝疆域广袤,与世界各国外交往来频繁,其他国家向元朝派遣的使节、传教士以及自发前往元朝的商旅等络绎不绝,其中威尼斯商人马可·波罗得到了元朝皇帝的信任,在元朝担任外交专使,他最终根据自己的经历写出了《马可·波罗游记》。在这本书里,他盛赞中国工商业的兴旺发达、市集的繁华热闹、丝绸锦缎的精致华美、都城的宏伟壮观、驿道等交通的便利与完善、纸币流通的普遍……凡是看过这本书的西方人,几乎都对马可·波罗笔下的中国无限神往。元朝时期还与日本文化交往密切。日本知名史学家木宫泰彦的统计显示,有名的日本僧人中,来过中国的就多达220余人。

▼宁夏银川:黄河两岸稻田美

▼ 山西运城：黄河美景入画来

活字印刷，智慧的火花点亮文明的灯塔，让知识的传播插上了翅膀，改变了世界

活字印刷改变世界

琪琪的周末作业是抄写课文，他奋笔疾书了好久，累得手腕都酸痛了，终于完成。琪琪揉着手腕问爸爸："爸爸，印刷术没有被发明的时候，古人真的是用抄写来进行文化传播的吗？"

"是呀。"爸爸说。

"那可真是太累了！"琪琪叹气道，"幸好发明了印刷术，否则我是不是连课本都要自己抄写呀？爸爸，印刷术是什么时候发明的？"

爸爸放下手中的活儿，对琪琪说："古代的印刷术有两种，一种是雕版印刷，一种是活字印刷。雕版印刷发明于唐朝，琪琪见没见过印章呢？雕版印刷就像一个大印章，工人在泥版上刻上需要印刷的文章，然后在刻好的泥版上刷油墨，盖好纸张，再把纸张和泥版之间压紧实。雕

> **知识点**
>
> 字体凸出来，字与字之间的间隙凹下去，这种雕刻方式被称为阳文。相反地，如果文字凹下去，其他部分凸出来，就是阴文。

> **知识点**
>
> 毕昇，活字印刷术的发明者，他在北宋仁宗庆历年间（1041—1048年）发明了活字印刷术。毕昇是一个精通雕版技术的印刷工人，在长期的制版印刷工作中，他发现了雕版印刷的缺点——就是每印刷一本书都要重新制作一套新的书版。如果印刷次数过多，雕版损坏，还要重新修复或制作，大大增加了时间和物质成本。如果改用活字版，则只需要雕刻一套活字，就可以实现灵活排版，重复利用，即使偶尔有的活字损坏，也不用重新制版，只需要对那一个字进行修复就可以了。

▼ 毕昇雕像

▲ 活字印刷术用的石雕字模

第二章 宋元时期

江苏扬州展示雕版印刷术绝活

版印刷的版，字体是凸出来的，字和字之间的缝隙则是凹进去的，所以只有文字部分能接触到油墨，那部分油墨就被转印到了纸张上。最后把印好的纸裁剪、装订起来，就成了书。"

琪琪问道："那这样岂不是每印一张纸就要重新刻一块雕版，会不会太麻烦了？"

爸爸夸奖道："琪琪总是能抓住问题的关键。原始的雕版印刷术，每印一本书就要刻制很多块雕版，工作量实在太大了，所以，为了适应越来越多的印刷需求，人们一直在钻研更加高效的印刷方式，活字印刷术最终应运而生。

"活字印刷术，顾名思义，它的字是活的，是可以活动的。雕版印刷是把字刻在一大张泥版上，活字印刷则是把每个字单独刻在一块块大小相等的胶泥块上，每到印刷的时候，就把它们按照文字顺序排列好，粘在字盘里，涂墨印刷，印完后再取出字模，洗干净，留着下次使用。"

"我明白了！"琪琪开心地说道，"就像我玩的拼图，拼图拼在一起是一幅完整的图画，活字印刷的字模拼在一起就是一个完整的印版。"

"琪琪真聪明！"爸爸竖起了大拇指夸赞道，"那琪琪知道活字印刷术的发明对后世有什么影响吗？"

琪琪挠着头仔细想了想，不确定地说："印书比以前更快了？"

"没错。"爸爸说，"活字印刷术发明之后，印刷速度比以前更快了，印书的时间成本降低了许多，书的价格也随之降低了，同时，书的发行数量也越来越大，所以，有更多曾经买不起书的人也可以买书看了。琪琪，你还记得科举制吗？"爸爸等待着琪琪的回答。

"记得。"琪琪恍然大悟，"有更多的人买得起书了，也就说明有更多的人能够参加科举考试，甚至能够考中，最后改变自己的命运！"

"是的，对于当时的读书人来说，活字印刷术让他们接触到了从前没办法接触到的知识，他们当中的很多人都能够通过读书考试去做官。而大量读书人入朝做官，也影响了宋代的官场氛围，宋太祖赵匡胤曾经下令'不杀言官'，所以宋代出现了许多'以死直谏'的言官。

"另外呢，作为中国古代的四大发明之一，活字印刷术对世界也有非常深远的影响。中国发明活字印刷术之后，日本在公元8世纪就开始用雕版印刷术印制佛经了，是世界上除了中国以外最早掌握印刷术的国

> **小小地理家的话**
>
> 　　印刷术传到欧洲之后，对欧洲的社会发展起到了很大的推动作用。它促进了文化在欧洲的传播和发展，间接推动了文艺复兴的进程，对欧洲社会乃至整个世界都产生了不可估量的深远影响，以至于马克思把火药、指南针、印刷术的成功发明称为"资产阶级发展的必要前提"。

家之一。而欧洲直到14世纪末才出现学生用的拉丁文课本。

　　"后来，活字印刷技术从新疆经波斯、埃及传入欧洲，波斯在某种程度上成了中国印刷技术向西方传播的中转站。1450年前后，受中国活字印刷的启发，德国人用合金制成了拼音文字的活字，并用来印刷德语书籍。这种印刷术被称为'金属活字印刷术'。"

　　听完爸爸的讲述，琪琪说道："原来印刷术的发明有这么广大而深远的影响啊！爸爸，我可以利用印刷术来写作业吗？"

　　爸爸笑着刮了刮琪琪的鼻尖："琪琪，你不要调皮了！"

> 埽工，古代治河的智慧结晶，用简单材料筑起了守护家园的防线，尽显古人的机智与勇气

治河利器埽工

琪琪看到书上有关宋代水患频发的文字。根据宋史记载，在宋代建国的300多年里，经常发生洪涝灾害，轻则导致农田收成减少，重则"自春涉夏不止"，整个春夏之交都在下雨，道路上的积水有两丈多，完全可以直接乘船出行。每逢河流决堤，民舍都浸在水中，溺亡的人与动物不计其数。

琪琪很好奇，面对如此严重的水患灾害，宋朝到底是怎么应对的呢？他向爸爸说出了心中的疑惑。

爸爸说："北宋的河流治理沿用了五代的方法，让地方官兼任河堤使

洪涝灾害

> **知识点**
>
> 河流决口之后,放弃原来河床另寻新的河道称为改道。黄河中游流经黄土高原,裹挟了大量的泥沙,到了下游的平原之后,这些泥沙逐渐沉积,导致黄河河道逐渐高出地面,形成"地上河"。"地上河"变迁无常,容易决堤,改道十分频繁。而黄河下游居民众多,一旦发生改道,将会造成巨大的灾害。

等官职,类似我们现在的河长制。宋初规定要在河堤上种植树木,每年春季,都要在汛期来临前疏浚河道,加固河堤。汛情严重时,皇帝还会焚香祈祷,派出重臣祭祀河神,甚至亲自跑到抗洪前线进行督促指挥,借此慰问士卒和民工。

"埽工,就是北宋的治河利器,它又叫'茨防'或者'捆',是一种用柳梢、芦苇、秸秆、薪柴、竹木等材料做成的软体结构的水工建筑。制作埽工的时候,要把柳梢、芦苇等材料均匀地分层平铺,在上面压上碎石或土,最后把铺好的材料卷成一卷,成为埽捆,简称埽。所谓埽工,就是把许多埽捆按照一定的程序和方向连接排列起来,沉入水中,修筑成护岸等防汛工程。埽工这类工程在先秦时期曾经出现过,到了北宋,已经在黄河流域被普遍使用。"

琪琪听了,问爸爸:"当时的人们为什么不直接在河上筑起堤坝,而是选择搭建埽工呢?"

"琪琪真是问到点子上了!"爸爸竖起大拇指夸奖道,"埽工有一个很大的特点是就地取材,有什么材料就用什么材料。这样一来,在防汛时就可以随时随地制作新的埽工备用,而且埽工的制作难度低,往往只需要几个人就能完成。在抗洪时,每个人都是非常重要的劳动力,一般能少分出去一个就少分出去一个。而筑堤坝是一个大工程,需要许多人努力搭建很长时间,不论用时、搭建难度,还是耗费的人力都远高于埽工,所以,在防汛的关键时期,人们一般都选择搭建埽工。"

"原来是这样。"琪琪点了点头,又问道:"爸爸,埽工有什么缺点吗?"

"当然有,世界上怎么会有十全十美的东西呢?琪琪,想一想,制作埽工的主要原料是什么?"

▼农民将打捆的小麦秸秆装车销售,田间一片忙碌

"我知道!是芦苇、秸秆,还有柳枝!"

"不错。"爸爸竖起了大拇指,"那琪琪再想想,埽工需要一直放在什么地方?"

"水里!"琪琪激动地站了起来,"我明白了!"

爸爸鼓励琪琪说:"琪琪有什么想法啦?说出来让爸爸听一听!"

"芦苇、秸秆、柳枝这种原料,在水里泡久了容易漂起来。这样一来埽捆就会散开,然后就破坏了整个埽工工程。"

"琪琪说得非常对!不过呢,爸爸还要再补充几点。琪琪,你还记得小时候老家收完麦子后堆起来的秸秆堆吗?"见琪琪点头,爸爸继续说道,"那些秸秆堆里经常很潮湿,有时候还会长出小蘑菇,这是因为秸秆材料不透气,所以容易发热、发霉和腐烂。汛期多在夏天,天气很热,埽捆就更容易从内部腐烂,需要频繁地修理和更换。我们刚刚也说到了,埽工是把埽捆按照规律排列组合起来的,要换掉一个埽捆,往往需要连续换掉十几段埽捆,这样的大规模更换,容易导致相连的埽工一起坍塌,非常危险。

"这就是埽工的局限性所在:它不适合作为永久性或者长期性的水利工程,更适合在抗洪时用来救急。现在,黄河上的埽工已经逐渐被混凝土工程或者石头工程所取代。"

"原来是这样啊。"琪琪点点头说道。

"琪琪,出来吃饭啦!"妈妈推开了书房的门,"妈妈今天做了琪琪最爱吃的宫保虾球!"

"好!"琪琪兴冲冲地站起来,"吃饭去了!宫保虾球,我来啦!"

小小地理家的话

埽工是一种历史悠久的治河水利工程。根据史书记载,先秦时期就已经出现了类似埽工的工程,那时的埽工被称作"茨防","茨"指芦苇、茅草等植物,茨防,顾名思义就是用秸秆、芦苇和茅草等构筑的堤防。但埽工的原料配比和使用一直在不断变化,宋代制作埽工一般遵循"梢三草七"的比例,三分用柳梢,七分用茅草,可到了元代,柳梢的用量已经不到茅草的十分之一。

穿越南北的水上丝路，京杭大运河如同一条流动的玉带，不仅运送着丰富的物产，还承载着无数的故事与传奇……

大运河纵贯南北

十月的假期，适逢夏末衔接初秋，天气微凉却不冷，正是出行的好时节。琪琪和爸爸再次来到杭州的京杭大运河沿岸，迎着舒适的风，愉快地漫步。

"琪琪啊，上次我在这里给你讲的通济渠那几个河渠的开凿，你还记得吗？"爸爸看到熟悉的石凳，正是上次他们曾坐过的。

"当然没忘，而且我回家还专门研究了京杭大运河。"琪琪扬了扬头，显得十分自信。

见琪琪胸有成竹的样子，爸爸被逗乐了："那我可得考考你。你说说，京杭大运河一共有几段？"

"七个部分，分别是通惠河、北运河、南运河、鲁运河、中运河、里运河和江南运河。京杭大运河还沟通了海河、黄河、淮河、长江、钱塘江五大水系。"琪琪说起来语速很快，看起来十分有把握，"京杭大运河建于春秋时期，最初是为满足吴国伐齐的军事需要而修建。它流经北京、天津、河北、山东、江苏、浙江等地。"

爸爸会意地点点头，对琪琪的回答表示赞许："对，最初，吴国伐齐开凿了邗沟。隋朝时，隋炀帝在前代遗留河渠的基础上修建了隋唐大运河，把洛阳作为运河的中心，直接连通了京城和杭州。元代郭守敬将隋唐

◀ 郭守敬塑像

▼京杭大运河与淮河交界处的水上立交水利工程航拍

第二章 宋元时期

历史文脉传承 下

68

▲长江

大运河截弯取直，直达北京，河渠的路线不再经过洛阳，整体路线大大缩短。此后，京杭大运河便作为官府的重要漕运渠道，直到清朝漕运被废止，京杭大运河才停止了漕运任务。新中国建立后，京杭大运河又被改造扩建，在沿岸城市建立现代化码头，京杭大运河再一次被投入使用。"

"长江被称作中国第一条'黄金水道'，而第二条'黄金水道'就是京杭大运河。"琪琪顺着爸爸的话补充道，"京杭大运河的各节点流向虽然复杂，但整体流向仍然是自北向南的，可以从华北平原直达长江三角洲地区。这一段地形平坦、土壤肥沃，适宜百姓居住和发展，加之有河渠灌溉、河流运输，沿岸的城市更加繁荣，人口也较为稠密。

> **小小地理家的话**
>
> 黄河流域一直是我国古代城镇最繁荣昌盛的区域，也是我国古代人口最多、思想最活跃的地带。黄河下游的流向自西向东，形成天然河道，使得东西横向联系方便，但我国的南北纵向地区则缺乏像黄河这样的天然河道，不利于经济发展和文化交流，产生了经济不平衡的现象。古人已经发现了这个问题，为了弥补地理缺陷，我国古代的统治者选择开凿南北纵向的人工河，京杭大运河就是其中最有名的代表。

京杭大运河使得沿岸城市的小农经济和商品经济都得到了很好的发展。近现代工业兴起后，沿岸兖州、济宁等城市的煤炭资源也得到了很好的利用，这些煤炭资源可以直接沿着京杭大运河的路线输送至上海、南京等工业城市。"

琪琪滔滔不绝地讲着京杭大运河的知识，越讲越兴奋。爸爸摸了摸琪琪的后脑勺，耐心地听琪琪继续讲解。琪琪眨了两下眼睛，继续说："京杭大运河作为重要的漕运渠道，不仅在经济领域有所贡献，而且也有利于政权的维系。在灾荒时代，京杭大运河可以南粮北运、调送粮食，是赈灾救民的重要通道；在和平年代，京杭大运河运输的漕粮可以调节物价，有利于社会经济的稳定；在战争年代，漕运漕粮是支持王朝军事对抗的重要物质保障。"

"确实没错。"爸爸站了起来，边往前走边接过琪琪的话，"不过，漕运也不是没有缺点的，它终究是封建统治者'家天下'的产物，京杭大运河的漕运利用不好，也能成为封建王朝掠夺民脂民膏的手段，关键在于统治者如何利用它。"

"爸爸说得好，我明白您的意思。"琪琪拿起包，三步并作两步向已经走在前面的爸爸追去。

▼ 京杭大运河航运忙

第二章 宋元时期

历史文脉传承 下

探索宋词奇境，品味千年文学，感受别样情怀

文学明珠宋词

放学回家后，琪琪看到爸爸正在书房里练习书法。琪琪安静地站在门口，只见爸爸铺开一张洁白的宣纸，左手将纸抚平，又拿起镇尺压在纸的最上面，以防卷翘。右手提笔，笔走游龙，龙飞凤舞。琪琪真是把自己能想到的所有词汇都用来描述爸爸专心写字的样子了。

爸爸写完后就把毛笔搁在了笔架上，低头端详起自己的作品。过了好一会儿，爸爸才看到站在门口的琪琪，于是向琪琪招了招手："琪琪，快过来。"

琪琪这才走进书房，他抽抽鼻子，轻轻嗅了嗅，闻到空气里飘着淡淡的墨香。

"爸爸，您在写什么呀？"琪琪好奇地看着桌子上的纸，纸上的字龙飞凤舞，琪琪一个也不认识。

"这是一首用草书写的苏轼的《念奴娇·赤壁怀古》，这首词的风格豪迈，格局也很大，所以最适合用草书来写。"

"苏轼，我知道苏轼！"琪琪摇头晃脑地背起刚刚学会的词，"明月几时有，把酒问青天，不知天上宫阙，今夕是何年。我欲乘风归去，又恐琼楼玉宇……"

"真棒！"爸爸夸赞道，"琪琪知道苏轼是哪个朝代的词人吗？"

"是宋代的，北宋词人苏轼，南宋词人辛弃疾，他们并称'苏辛'，是豪放派的代表人物！"琪琪骄傲地仰起头。

"琪琪知道的可真多呀！"爸爸刮了刮琪琪的鼻尖，继续说，"宋词，是宋代盛行的一种文学体裁，它凝聚了无数优秀作者的心血，最终和唐诗并列，成为中国古代文学艺术

知识点

苏轼（1037年—1101年），字子瞻，号东坡居士，世称苏东坡，眉州眉山人，北宋著名的文学家、书法家、画家，在诗、词、散文、书画等方面都有很高的成就。

▲ 李白雕塑

的最高成就之一。不过,虽然诗词兴盛在宋代,但早在南朝,词便已经有了萌芽。经过隋唐时期的积累和发展,到了宋代,词进入全盛时期。"

"琪琪,你知道'词家三李'都有谁?"

"不知道。"琪琪想了想,最后还是摇了摇头。

"是李白、李煜、李清照。"

"李白是诗人呀,怎么会在'词家三李'里面呢?"琪琪好奇地瞪大了双眼。

"爸爸刚刚不是说过吗?词在唐代甚至更早的时候就已经萌芽了,之所以叫宋词,是因为它在宋代被发扬光大。李白也写过词,比如《忆秦娥》,'西风残照,汉家陵阙'。"

"原来是这样。"琪琪恍然大悟,又拉着爸爸央求道,"爸爸,还有什么和宋词有关的事吗?都给琪琪讲一讲吧!"

"好。"爸爸带琪琪到书架前的椅子上坐下,"琪琪坐好,我们这就开讲啦。就从琪琪刚刚提到的豪放派开始讲吧。宋词主要有两个流派,一个是豪放派,一个是婉约派。豪放派的代表词人除了苏轼和辛弃疾以外,还有陆游、张孝祥等,他们的写作特点就是豪放,视野格局宽阔,写的内容

▲ 杭州"宋词·条街"

大多是家国情怀和人生感慨，选用的词汇和意象通常比较宏大，作品雄浑大气。婉约派呢，正好相反，通常着眼于儿女情长，注重音律，用词含蓄内敛，读起来婉转清丽。"

"不过呢，"爸爸又补充道，"我们很难用豪放或者婉约去概括一个词人。豪放派的苏轼也会写'枝上柳绵吹又少，天涯何处无芳草'，一向被划入婉约派的女词人李清照，也可以写出'九万里风鹏正举'这样豪情万丈的词句。"

琪琪听了，只能懵懵懂懂地点了点头。

爸爸继续说道："提起宋词，绕不开的就是你刚刚说过的苏轼。在苏轼之前，人们认为'诗以言志，词以传情'，觉得只有诗才能用来表达自己的志向和情怀，词只不过是调剂和玩物，有个词语叫'淫词艳曲'，说明在那个时候，词属于'艳科'，登不上大雅之堂。

"但苏轼的出现改变了这种格局，他在理论上破除了诗尊词卑的观念，提出诗词同源，词为'诗之苗裔'的说法。苏轼认为，虽然诗和词的表现形式不同，但它们能够表达的内容和艺术上的地位应该是平等的。苏轼在写作时也努力突破词的格局和韵律限制，把写诗的手法运用到了写词上，为词的地位提高打下了基础。"

"我明白了。"琪琪点点头，转而又问道，"爸爸，诗和词都是很久很久之前的东西了呀，我们平时也用不到，那为什么还要背诗词呢？"

"我们为什么要背诗词呢？琪琪你想啊，等以后爬山的时候，别人只会感慨一句'好高啊'，但琪琪可以说'会当凌绝顶，一览众山小'；面对一场很重要的考试，别人只会说'考试加油'，但琪琪就可以说'明年此日青云去，却笑人间举子忙'。你看，背诵诗词是不是可以提高文学修养啊？"

爸爸从书架上抽出一本《宋词三百首》，递给琪琪："这本书里，是历代文人从浩如烟海的宋词书卷里精选出的三百首，基本可以代表宋词的最高水平。你平时可以读一读、背一背。现在看不懂也没关系，等以后长大了，在某一个瞬间想起书中的一首词，突然发现它和你的心境非常契合，这时候呢，你就感受到了穿越千年的心意相通。"

"好。"琪琪此时虽然仍是懵懵懂懂的，却还是接过了爸爸手中的《宋词三百首》。

香料飘香，美化生活的同时融入医学，化身治病救人的神奇药材

香药飘飘话医学

"嗯，好香啊！"琪琪看着爸爸手里拿的香囊，说道，"爸爸，您今天好兴致，还拿出了香囊！"

"哈哈哈，是啊。琪琪，你知道吗？我国香文化源远流长，最早可追溯到春秋战国时期。而在两宋时期，随着我国造船业的发展和指南针的运用，海上丝绸之路兴起，我国的香料进出口贸易比例也逐年攀升。"爸爸

▶ "江海奇幻游——长江文明与海上丝绸之路"

> **知识点**
>
> 《清明上河图》，北宋画家张择端作，图宽24.8厘米、长528.7厘米，描绘了我国12世纪北宋都城东京（今河南开封）的城市面貌和当时社会各阶层的生活状况。

> **知识点**
>
> 海上丝绸之路，是中国古代对外进行商品贸易和文化交流的海上通道，也被称为"海上陶瓷之路"或"海上香料之路"。海上丝绸之路在商周时期萌芽，形成于秦汉，兴于唐宋，转变于明清。中国海上丝绸之路分为东海航线和南海航线两条线路，其中以南海为中心的南海航线，又称南海丝绸之路，起点主要是广州和泉州；东海航线，也叫东方海上丝路。中国境内海上丝绸之路主要由广州、泉州、宁波三个主港和其他支线港组成。

饶有兴致地解释道。

"那香料的进口贸易给我们带来了什么变化呢？"琪琪挠了挠脑袋，不解地问道。

"香料进口量大增，香文化得以普及和繁荣。宋代香料用途广泛，包括调味、入药、化妆、熏衣、制烛、驱虫避疫等，其中香药具有芳香理气、芳香化湿、芳香开窍、开窍定惊、活血通络、理气止痛等功效。香药被用于防治疾病，促进了我国本草学、中医基础理论和临床医学的发展与进步。"爸爸耐心地解答着琪琪心中的疑惑。

听了爸爸的解释，琪琪犹如醍醐灌顶，他猛然想起《清明上河图》中描绘的有关香的情景，便立马打开电脑上网搜索。在仔细查看之后，琪琪指着闹市中的一处对爸爸说："爸爸，您看，这东京城市井中有一家商户在招牌上写着'刘家上色沉檀拣香'！"

爸爸仰起头，开怀大笑："哈哈哈，还是琪琪记性好！没错，当时的人不仅沐浴香汤、焚香熏香，还调服香药、香酒，充分利用了香料的药用功能。洪刍的《香谱》是现存北宋最早、保存比较完整的香药谱录类著作，书中对历代用香史料、用香方法进行了广泛收罗。"

"看来，在宋代，香料药用功能的利用已经十分广泛了！"琪琪若有所思地摸了摸下巴说道。

"没错！不仅如此，由于宋代医家对香药的认识已经有了一定的基础，他们还将香药化入中药方剂之中，和原有的中药搭配使用，甚至将香药作为药方的主药。在宋朝官方编写的《太平惠民和剂局方》中，就有大量的香药方剂。在众多香药方剂中，有一些药方至今仍在使用，比如苏合香丸、至宝丹等。"爸爸见琪琪兴致很高，便继续补充道。

听完爸爸的话，琪琪不由得感叹："哇，没想到香药对当时医学的影响竟然如此之大，连宋朝官方都对它如此重视！"

爸爸对琪琪说："不仅官方，宋代文人也对香药十分钟爱。比如大书法家黄庭坚，他对香的认知和利用也十分深入。在《陈氏香谱》中，就有一帖香和黄庭坚相关，它就是'黄太史清真香'。而制作清真香所用的香料多为含有药用功能的香药，比如柏子仁便具有益智宁神、仁养心气的作用，甘松则可以理气形散、芳香开脾郁，檀香则具有开窍、行气、安神、解郁的效果。这三味香药合制的熏香，焚烧后便具备了养心宁神的功效。"

"所以，宋代文人在使用香药的过程中，逐渐发掘并注重其药用价值，通过焚香来达到怡情养身的功效！"琪琪歪着脑袋道出自己的推断。

爸爸听了很是欣慰，竖起大拇指称赞道："不错，琪琪真聪明！宋代文人创作香方、调制合香之风盛行，各式各样的合香方便大量涌现，也进一步推动了香药作为平常药用品在民间的流行。"

小小地理家的话

香药，是中药里具有芳香气味的一类药物，常用的香药有安息香、丁香、沉香、檀香等。香药常用天然有芳香的花果入药，它的原材料主要产自于中东、印度、东南亚地区，西汉张骞出使西域后，香药逐渐传入中国。到了宋代，由于海运发达，香药进口量大大增加，香药方也大量入境。在宋代，人们广泛使用香料和香药进行熏衣、焚香，香药也常常作为贵族之间礼尚往来的馈赠佳品，用香药配制的药茶也成为人们生活中的时尚饮料。

历史文脉传承 下

80

▼ 清明上河图景区

贾鲁智斗黄河，巧用石船大堤，开启了水利治理的新篇章……

贾鲁巧治白茅堤

"爸爸，老师布置了一个作业，让我们了解元代的水利工程。可是，元代有什么水利工程呢？"琪琪回到家皱着眉头问爸爸。爸爸摸了摸琪琪的头，哈哈大笑道："说到元代的水利，就不得不提到一个叫贾鲁的人。"

琪琪的兴趣瞬间被爸爸点燃："贾鲁是谁？为什么会提到他呢？"

爸爸看到琪琪满眼疑惑，笑着开口道："贾鲁可是元代最著名的水利学家和河防大臣之一。他用创造性的方法治理白茅堤的水患，让人民免受洪水灾难。"

"哇哦，听起来，贾鲁是一位很厉害的人。爸爸，什么是白茅堤？"琪琪追问着。

"好。"爸爸接着说，"白茅堤是黄河下游的一个险堤，元代时黄河曾出现过两次溃决，都是在这个地方。白茅堤河水一旦泛滥，就会对豫东南、鲁西南地区造成严重损失，还会危及会通河和北清河沿线地区，使当地的百姓失去家园。所以说黄河白茅堤决口对于元代统治者来说是一件棘手的事。"

"这样说的话，白茅堤的治理是一件很重要的事。那元代的统治者是怎么解决的呢？"琪琪继续问道。

"元代的统治者就派贾鲁去治理白茅堤。贾鲁是拥有丰富的水利知识，他看到这里的河床很浅，用传统的疏浚方法很难彻底治理，就想到用堵塞的方法。白茅堤被堵住后，河水就会改道，不会轻易泛滥。"

爸爸停顿了一下，继续说道："琪琪如果去黄河玩，面对奔腾咆哮的黄河，一定要小心，注意安全。贾鲁治理洪水时，将黄河水引向南流，河水就流到泗水、淮水的旧道上去，一路向东进入黄海。虽然他提出了堵塞白茅堤的方法，但是在治理的时候，他还采用了疏、浚、塞等许多方法。

"他将河床拓宽加深，让高的地方变平整，淤泥堵塞严重的就疏浚，积水多的地方就开渠让河水排出去，河堤容易被冲垮的就加固。疏浚河道

小小地理家的话

贾鲁在治河的过程中，修建了许多大的水利工程，其中最大的工程是疏浚从黄陵岗到哈只口的黄河故道，还疏浚了从凹里村到杨青树的减水河。因为河道高低宽窄不同，所以要灵活变化，因地制宜，采取不同的治理方法。

要保证质量，就得让疏浚河道的起点离黄河决口处有一定距离，疏浚工程全部完成后再引水进入。"

"爸爸，贾鲁是怎么堵塞决口的呢？"琪琪插问了一句。

"贾鲁堵塞时总共用了三步：一是确定水堤的数量与长度，就像我们修坏掉的水管一样得先确定数量和长度；二是梳理南、北截河大堤的长度与方位；三是确定合龙方式。但是很遗憾，河水并没有按照贾鲁预想的那样在旧道上行进，而是在决口处涌出。"

琪琪感到很疑惑："既然这一次失败了，那贾鲁后来又是如何成功的呢？"

爸爸看了看琪琪，说："琪琪，你知道乌鸦投石的故事吗？乌鸦喝不到瓶子里的水，就把小石子扔到瓶子里，水就涨上来了。而贾鲁是通过建造石船大堤的方法，将大量堵口材料下沉至龙口底部，目的是抬高龙口处的河道，减少龙口水流，降低水流对大堤的冲击。这样因地制宜，因势利导，就顺利地将白茅堤决口的水患治理好了。"

"爸爸，贾鲁真是个非常厉害的人。但是贾鲁堵塞白茅决口有什么影响呢？"琪琪向爸爸说出了自己的疑惑。

爸爸看到琪琪的求知欲那么强烈，十分高兴，乐呵呵地说道："贾鲁使得白茅堤不再决口，保证了水路运输的通畅和农田的灌溉。同时，他的'石船大堤'，克服了人们以往用土方法治水的弊端，是中国水利史上的一大创新。"

"好了，时间不早了，快去写作业吧。"爸爸看了一眼闹钟，对陷入沉思的琪琪说。

"爸爸，我理好思路了，今晚我一定可以很好地完成老师布置的作业。"琪琪停顿了一下接着说，"爸爸，我们下次去水利博物馆吧，我想去看看贾鲁，他真的太厉害了。"

▼ 黄河故道

第二章 宋元时期

《授时历》精准掌握四季变换，指导农事，人们不再错过播种与收获的最佳时刻

《授时历》精准授农时

今天是周末，爸爸带着琪琪去参观科技馆。

科技馆的入口前有一个高大的台子，台子上有许多稀奇古怪的仪器，其中有一个极像地球仪：上半部分是几个交叉的圆，下面是两条栩栩如生的龙，它们的爪子抓在雕刻着云纹的交梁上，托起整个仪器。琪琪好奇地拉了拉爸爸的手，指着仪器问："爸爸，这是什么呀？"

爸爸眯着眼睛仔细看了看，告诉琪琪："这个仪器叫黄道经纬仪，主要用来测量天体的黄道经纬度，也用来测定二十四节气。"说罢，爸爸指着面前的台子问琪琪："琪琪，你知道这个台子是什么吗？"

"不知道。"琪琪摇了摇头。

"这个台子叫观象台，也就是常说的观星台。科技馆门前的这个观象台，是北京建国门附近的古观象台的复制品。"

爸爸带着琪琪绕着观象台

走了一圈，边走边说："北京古观象台是1442年建立的。宋元时期，中国的天文观测在世界上名列前茅。元代有一个著名的天文学家，叫郭守敬。"

琪琪兴奋地举起手："我知道！爸爸，让我来说！"

爸爸点点头，示意琪琪说下去。

"郭守敬，字若思，是元代著名的科学家，在天文、历法、水利、数学等方面都有很高的成就。《授时历》是他的代表作之一，面世后通行了360多年。"琪琪摇头晃脑地说道。

▲ 贵阳黔明广场的巨型地球仪

历史文脉传承（下）

▼ 古观象台

第二章 宋元时期

"太棒了！"爸爸朝琪琪竖起了大拇指。

"爸爸，"琪琪挠头道，"您能不能告诉我《授时历》主要讲了些什么呢？"

"当然可以。"爸爸说，"《授时历》编成于1281年，它把一年订为365.2425天，比近代观测到的365.2422天仅仅多了25.92秒。它的精度与我们现在用的公历相当，问世却比公历早了300年。"

"哇，真的好厉害！"琪琪不禁为《授时历》的精准度感叹。

爸爸继续说道："郭守敬、王恂、许衡等14人用了将近4年的时间，纵穿近万里，最北到达西伯利亚，最南到达南海诸岛，在全国各地建立起多个观测站，进行'四海测验'，最终完成了《授时历》的编撰。《授时历》把一个月划为29.530593天，正式废除了西汉以来的上元纪年，是中国古代历法的一次重大改革。"

"那他们为什么要编撰《授时历》呢？"琪琪问道，"《授时历》的使用有什么意义吗？"

"当然有呀，"爸爸说，"而且意义非常大。"

"元朝建立之初，沿用了金国的历法。但随着时间的推移，这个历法出现了越来越多的误差，历法推测很多次都出现了不符合现实的情况。琪琪可不要小看历法不精确的影响哦。当时，人们根据历法来推测节气，然后根据节气确定农时，决定什么时候该做什么事。什么时候播种，什么时候浇水，什么时候收获，都要严格按照节气进行，只有这样，农民才能获得一个好收成。

"后来，元世祖忽必烈根据'敬授农时'这个俗语，把郭守敬等人创制的历法命名为《授时历》，意思是把历法传授给百姓，使他们知晓时令

知识点

郭守敬（1231年—1316年），字若思，邢州邢台人。他是元代著名的天文学家、数学家，也是优秀的水利工程专家。著有《推步》《立成》等14种天文历法著作。为了纪念郭守敬在天文历法方面取得的重大成就，1970年，国际天文学会将月球上的一座环形山命名为"郭守敬环形山"。1977年3月，国际小行星中心将小行星2012命名为"郭守敬小行星"。

> **小小地理家的话**
>
> 　　历法是人们根据天象制订的时间计算方法，在我们的日常生活中起到了极为重要的作用，如果失去了历法，人们就无法对时间进行定位。历法主要有三种：根据月球环绕地球运行周期所订的历法，被称为阴历；根据地球绕太阳公转的运动周期所订的历法，被称为阳历；兼顾太阳、地球和月亮的运行关系的历法，则被称为阴阳历。现行的公历就是阳历，中国古代的殷历是阴历，现行的农历则是阴阳历。

的变化，才能不耽误农时。"

　　"《授时历》真的可以这么精确地推算天文现象吗？"琪琪还是不敢相信。

　　"当然了。按照《授时历》的推断，1299年8月的某一天应该有日食，但日食并没有在那一天出现。那么是不是《授时历》错了呢？其实不是。在很多很多年以后，人们根据现代天文学推算，那一天确实有日食发生，是一次发生在西伯利亚地区的日环食，但是它的食分太小，加上当时已经接近中午，阳光很亮，所以人的肉眼并没有观察到罢了。"

　　"天哪，"琪琪喃喃道，"这也太准确了。"

　　"就是因为准确可靠，《授时历》才能一直沿用了300多年，并且走出国门，传播到了朝鲜、越南等国，成为他们的官方历法。"爸爸拉起琪琪的手向科技馆走去，"现在，我们就一起到科技馆，去看看《授时历》在编撰实验中用到的测量器材吧！"

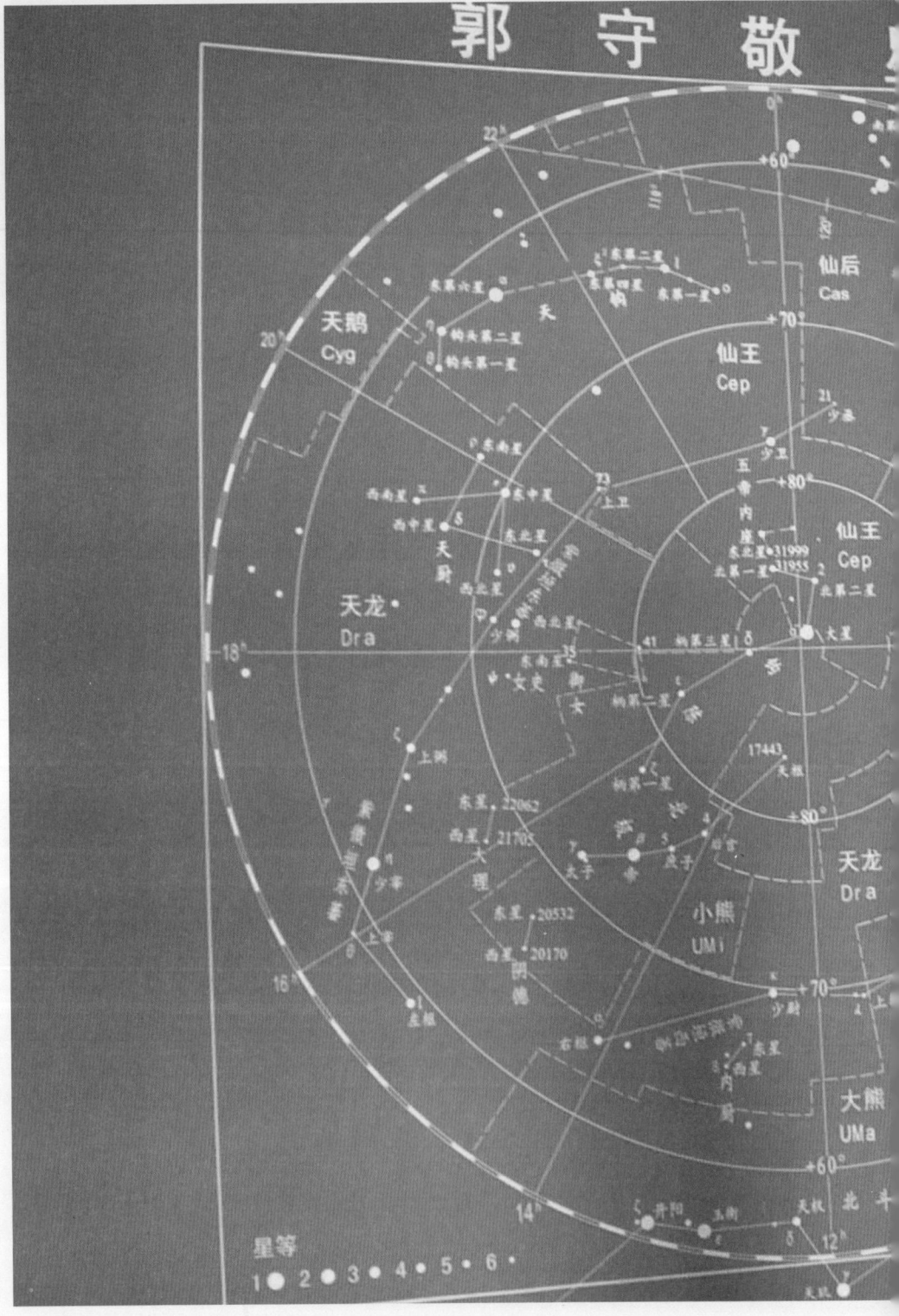

▼郭守敬对周天列宿诸星进行了详细测定,被后人誉为"测星之王"

人生百态化作一折元曲，艺术之花终将在历史长河中绽放……

元曲唱响人间情

今天的天气可真奇怪，中午还是烈日当空，下午忽然下起了冰雹。琪琪搬了个小板凳坐在门前，看着黄豆大小的冰雹砸在地上，很快就堆起薄薄的一层。

琪琪一只手托着腮帮子，另一只手用小木棍在地上漫无目的地画圈圈，画着画着，他灵光一闪，转头问爸爸："爸爸，这像不像六月飞雪呀？"

"像呀。"爸爸笑着点头道，"琪琪，你知道'六月飞雪'这个典故是从哪里来的吗？"

琪琪皱起眉头想了好一阵子，最后无奈地摇了摇头："我不知道。"

爸爸走进书房，拿了一本薄薄的书递给琪琪，琪琪低头看了看，是一本线装书，看起来很有些年头，书页都有些泛黄了，封面上写着"窦娥冤"三个字。

"这是什么书呀？"琪琪翻了翻，发现自己看不懂，就抬头问爸爸。

"这本书叫《窦娥冤》，是元代戏曲作家关汉卿的作品。它的体裁是元杂剧，又称元曲。"

"这个我知道！"琪琪说，"唐诗、宋词、元曲、明清小说，还有一个汉赋，这是每个朝代流行和兴盛的文体。"

知识点

元杂剧的代表作

四大悲剧：关汉卿的《窦娥冤》、马致远的《汉宫秋》、白朴的《梧桐雨》、纪君祥的《赵氏孤儿》。

四大喜剧：王实甫的《西厢记》、关汉卿的《拜月亭》、白朴的《墙头马上》、郑光祖的《倩女离魂》。

▲ 中国戏剧绘图：《汉宫秋》

"真棒！"爸爸夸赞琪琪后又继续说，"元杂剧是元代盛极一时的艺术形式，和其他朝代盛行的文体不同的是，元杂剧并不只是文章，它实际上是一种完整的戏曲形式，包括剧本、配乐、道具、表演等，不过剧本仍然是元杂剧各种要素中最重要的一个。

"元杂剧之所以能够出现、发展，并慢慢兴盛，与当时的时代背景密不可分。观看戏曲其实是一种娱乐活动。琪琪，你想一想，人在什么情况下才能有精力进行娱乐活动呢？"爸爸问琪琪。

"让我想一想……生活富足？只有生活富足了，人才能有时间和心思去参加娱乐活动。"

▼ 河北梆子名剧《窦娥冤》精彩上演

"没错,除了生活富足,城市发展也是一个很重要的因素。戏曲在城市远比在乡野拥有更多的舞台、更多的表演机会和更多的观众。从宋朝至元代,城市经济的发展和繁盛,勾栏瓦舍等娱乐场地的出现,为元杂剧的发展提供了充足的物质条件。另一方面,许多文人无法进入官场实现志向,只好投身戏曲创作,既可以在戏曲里抒发个人感情,也可以换些钱养家糊口。唐宋以来,话本、小说、诗词等文学形式不断积累和发展,为元杂剧这个完整的戏曲形式的面世打下了良好的基础,加上话本小说、传奇故事等世代流传,也为元杂剧提供了许多可以书写的故事素材。"

"那元杂剧主要讲了什么呢?"琪琪来了兴致,迫不及待地问爸爸。

"就像琪琪刚刚说起的《窦娥冤》,孤苦伶仃的寡妇窦娥被无赖逼婚不

成又惨遭陷害,被昏官屈打成招,最后被认定为杀人凶手,判处死刑。临刑前,窦娥许下三桩誓愿:血溅白练、六月飞雪、大旱三年。窦娥冤屈感天动地,三桩誓愿一一实现。直到窦娥的父亲返乡,彻查案件,窦娥才得以平冤昭雪。"

琪琪气愤地握紧了拳头:"窦娥实在是太可怜了!"

爸爸摸了摸琪琪的头,继续说:"元杂剧的故事,除了像《窦娥冤》揭露社会黑暗,表现底层人民疾苦以外,还会歌颂英雄主义,讲述人民的反抗和斗争,有些还描写恋爱与婚姻,展现那个时代女性的愿望和追求。元杂剧有很浓厚的现实主义色彩,也掺杂了理想主义的情怀。"

琪琪低头看着地面,思考着爸爸说的话。这时候,冰雹已经停了,阳光照在地面上,反射着亮晶晶的光。琪琪兴冲冲地拉起爸爸的手:"爸爸,我们出去玩吧!"

"好,慢点,慢点。"爸爸乐呵呵地跟在琪琪身后。

知识点

关汉卿,原名不详,字汉卿,号已斋叟,元杂剧的奠基人,与白朴、马致远、郑光祖并称为"元曲四大家",并位居四大家之首。代表作《窦娥冤》《救风尘》《单刀会》等。

小小地理家的话

元杂剧一般都有四折,分别对应我们现在所说的开端、发展、高潮和结局。除去这四折以外,还会有一两节楔子,有的放在四折戏之前,作为序幕,介绍人物和故事发生的背景;有的穿插在四折戏之间,起到承上启下的过场作用。一折戏需要唱完一整套曲子,一个楔子则只需要唱一两支曲子。

第三章 明清时期

黄河引入"洋流"

从1368年到1911年的500余年间,中国发生了翻天覆地的变化,这个时期被称作明清时期,是明朝和清朝两个朝代的合称。这个时期被史学家认为既是中国古代农耕文明继续发展的时期,又是统一的多民族国家巩固的时期,更是封建社会由盛而衰的时期。在这一时期,皇权处于高度集中的状态,封建专制主义集权逐渐加强,资本主义萌芽出现并缓慢发展,人们的思想受到严格控制——八股文、文字狱。明清时期对外文化的交流,并不是我们想象的那样被完全限制,无论是对西方宗教的融合吸收,还是西方天文历法、科学技术的传入,明清王朝都无法避免地汇入时代的洪流中,开始与西方世界有了紧密的联系。

唐朝的安史之乱后,我国的经济中心逐渐南移。江南地区在明清时期逐渐成为全国的经济中心。不过,黄河流域在明清时期,无论是经济还是文学,都有所发展。

从明朝初期到清朝中叶,除改朝换代时有过短暂的全国性战争以外,整个国家基本处于统一且安定的政治环境之下。除此之外,清朝的建立,结束了中原农业民族同北方游牧民族之间的长期战乱,这让农民们能够稳定地进行精耕细作,以此来保障人们的温饱。

为了恢复和发展生产,明清政府曾推行了一系列重农政策,如明朝的"一条鞭法"和清朝的"摊丁入亩法",这些政策都调动了农民的积极性,推动了农业生产的发展。不仅如此,农业技术的革新,也使种植周期从一年一产变为一年多产。土地利用率提高了,人口的流动性自然就降低了。经济基础决定上层建筑。这些经济基础使作为上层建筑的封建主义达到顶峰成了可能。同样,外来作物的引入,也对明清时期的农业发展产生了重大的推动作用。玉米、番薯和烟草等,这些"洋"作物具有产量高、适应性强、能在贫瘠的土地上生长的优点,从而缓解了我国因人口激增而造成的粮食供应不足的矛盾,也极大地提高了土地的利用率。

▼户部街明清民居古建筑群

　　随着以纺织为主的手工业迅速发展，以及城市农村分化促进的城镇日渐繁荣，工作分工逐步细化，人们对农产品的需求日益增加，这种需求也推动了农产品的商品化进程。"桑争粮田""棉争稻田"的现象由此产生。因此，我国的农业生产开始发生了区域性变化。而这种农业生产的区域性分工，又进一步促进了农产品商品化的发展。

　　明清作为中国历史上最后的封建王朝统治时期，多种思想文化都有了辉煌灿烂的发展。明清文化在中国学术思想史上具有不可或缺的重要地位，它不但是传统思想文化的集大成时期，也是近代思想文化的启蒙时期。在明清社会大变动中，杰出的文学家、政治家、思想家、科学家层出不穷。小说作为明清文学中最具代表性的文学形式，有着重要的地位。其中，最大的文化成就就是中国四大名著。四大名著里的一个个人物形象和故事跃然纸上，影响着一代代的中国人。

耕种技术的进步让黄河流域的农田实现了"一岁数收",不仅丰富了餐桌,也让土地焕发了新生

"一岁数收"的田间趣味

又是一年农耕时节,春雨如绵针,淅淅沥沥,雨水最终都流入黄河之中。

琪琪的远房表舅早就向他家发去了邀请,邀请他们一家到农村里玩几天。爸爸想乘此机会让琪琪切实地感受一下农村的生活环境,顺便帮表舅做些农活,便带着琪琪去了。表舅家里的大人都忙着,农田里常常

> **知识点**
>
> "一岁数收","一岁"即一年,"数收"指多次有收成。人们通过在同一土地上有序地种植两种及以上作物的间作,在前一季作物生长后期的架下或行株间种植下一季作物的套作,在同一块田中按照一定比例混合种植两种及以上生育季节要求比较相近的作物的混作,以及在同一块土地中轮流种植不同种类作物的轮作,等等。这些技术能让人们充分利用天时、地利,合理安排种植,使一年内的收获次数由一次增加到两三次,乃至更多次。

能看到男男女女忙碌的身影。琪琪对于种植农作物之事一窍不通,但是看着大家都在忙碌,他也不由得产生了一些兴趣。这天,他便缠着爸爸

▼ 机械化农田作业

▼ 农民正在种植白菜

知识点

明清时期，农民们不仅要重视农作物品种的选择，还要加强田间的管理。除此之外，如果想要让土地肥沃，那就要深耕、厚植、勤耕耘，还要多施肥料，更要"因材施教"：不同的土地也是耕深耕浅各不相同，明代农学著作《农说》、清代的农学著作《知本提纲》都对此提出了明确的耕作方法。"一岁数收"需要多施肥，这也自然而然地促进了肥料的积蓄和施肥技术的发展。由于"一岁数收"会带来较多的病虫害，因此这也给人们提出了除虫、灭病的新课题。

▼ 晚稻耕种

一起去地里，扬言要在田里和大家一起劳动。爸爸十分欣慰，乐呵呵地带着他去地里了。

琪琪跟在爸爸身后，脑袋里涌出许多问题："爸爸，为什么我们种的是粮食呢？粮食又是怎么种出来的？"

> **小小地理家的话**
>
> 明清时期，黄河流域的农业生产及农业技术较以往有了很大的提升。因此，在明清时期出现了一些总结农业的著作。其中，以科学家徐光启的《农政全书》最有有名。

爸爸回答道："黄河流域一带啊，土地资源和气候都十分适宜农作物生长，特别适宜粮食作物的种植。从种子撒在地里，到它生根发芽收获，都要用心，这样种出来的粮食才能粒粒美味啊！"

琪琪点点头，又问爸爸道："我每天都要吃这么多粮食，会不会种出来的粮食不够吃呢？"

爸爸大声笑了笑，说道："从前一年只能种收一次粮食，现在不一样啦！随着耕种技术的成熟，一年可以种收两到三次。这么多的粮食，还怕你吃不完呢！"

琪琪惊讶地睁大了眼睛，不可置信地问："这么说，每年种一次粮食，就可以有两次或是三次的收成了？"

爸爸摇了摇头说："也不是，虽说如今可以一岁数收，但是这对于土地和肥料的要求还是相当严格的：不但要合理安排农作物的种植时间，还要加强害虫防治，更别说还得勤奋耕耘、多施肥料。这听起来简单，做起来可是很难的！"

琪琪想了想，赞同地点了点头，又问："爸爸，若是我除了粮食还想吃其他的东西，可以种出来吗？"

爸爸笑道："你这个小馋猫！除了粮食，黄河流域也种植了许多其他的农作物，例如玉米、番薯等，还有咱们平常见到的棉花，都是可以种植的。等你长大了，应该就能看到越来越多的作物品种出现在田地里了。"

琪琪一听，兴奋地拍了拍手，满怀憧憬地说道："我希望自己快快长大！这样我想吃的东西就都能吃到啦！"

爸爸无奈地摇了摇头："一说到吃的，你倒是挺积极！"

琪琪吐了吐舌头，理直气壮道："吃饭不积极，态度有问题！"

黄河流域，文脉悠长，孕育了无数文学巨匠，他们的智慧之光，照亮了中华文化的星空

天下黄河，文学故乡

▲ 位于蒲松龄故居内的聊斋

　　春寒料峭，院子里有风拂树叶之声，小鸡啄食之声，还传来了琪琪的惨叫之声。

　　琪琪一边揉着屁股，一边躲到爸爸身后，对气得眼里喷火妈妈小声狡辩道："文学家那么多，我把一两个作品和作者搞混淆了，也是正常的嘛！"

　　妈妈冷冷哼了一声，见琪琪躲在爸爸身后，忍住了气不再发作，恨铁不成钢道："若是一两个也就算了，可你看看老师发回来的试卷，竟然只对了一两个！你把《三国演义》的作者写成施耐庵，又把《水浒传》的作者写成罗贯中……这，这简直是一派胡言嘛！"

　　爸爸一听，不由得大笑起来，一边笑一边将琪琪拉到身边，问他："琪

昆曲《1699·桃花扇》剧照

琪，这些文学家当真让你昏了头？"

琪琪垂下头，有些挫败地说道："爸爸，这些作者的作品实在太多了。琪琪实在分不清楚。"说着，便撇着嘴要哭。

妈妈见琪琪态度诚恳又带着哭腔，顿时心软，轻轻叹了口气便回厨房去忙了。爸爸将琪琪拉到椅子上坐下，笑道："琪琪莫怕，让爸爸讲给你听。黄河流域孕育了不少文学大家，只要我们结合他们所处的环境了解一下，也就没什么困难啦！

"文学家的出现，常常与地理环境密不可分。隋唐时期，文学家大多分布在北方，集中在黄河中下游区域。到了如今，则多分布于长江流域了，咱们黄河流域的文学家有所减少。当然，一个地区的教育、经济也会对文学家产生熏陶和影响。你好好读书，说不准也会成为下一个文学家。"

琪琪一听，瞬间燃起了斗志，可不一会儿又泄了气："成为文学家一定很难吧？我连作者和作品都搞不清楚，怎么能成为文学家呢？"

"这可不一定，"爸爸连连摆手，"咱们黄河流域有一位有名的柳泉居士，也就是蒲松龄，人称聊斋先生。他从小就十分聪慧，可每次考试都考不中，到了71岁时才成为贡士。你知道他写的是哪本书吗？"

"聊斋先生写的肯定就是《聊斋志异》嘛。"琪琪抢答道。

"不错！这位聊斋先生用毕生精力，耕耘了40多年，才完成奇书《聊斋志异》。这本书被誉为中国古代文言短篇小说中成就最高的作品集。你看，他为了自己的目标，奋斗了一生才踏上成功之路。"

琪琪若有所思地点了点头。

爸爸摸摸琪琪的小脑袋继续说道："还有一位叫孔尚任，年轻时候在石门山隐居读书，后来入了仕途。他隐居石门期间，完成《桃花扇》初稿，后多次修改文稿，费时20年才完成了《桃花扇》。书成次年就遭罢官。他的一生曲折跌宕，却坚守本心，坚持创作。要成为文学家，除了要阅读广博、有所长益，还要敢于正视失败和困难，勇于挑战，坚持不懈，这样的文学家才有内涵，有气节，为世人所敬仰！"

琪琪听了爸爸的话，似懂非懂地点了点头，说道："照这样说，不管能不能成为文学家，读书明理总是没错的！我这就去读书！"

爸爸一听，开心地说："孺子可教，孺子可教也！"

▼ 象牙微雕版《三国演义》

第三章 明清时期

从神秘的"返魂香"到"妻草",古代帝王的禁烟令,反映了社会变迁与健康意识的觉醒

"云雾"明清

周末,琪琪早早做完作业,在客厅里看电视。爸爸怕他成为"沙发土豆",便叫上他一起去小区里遛弯儿。

"吸烟有害健康。"在楼下遛弯儿时,琪琪看见小卖部的玻璃橱窗上的几个大字,便忍不住读了出来,同时他又疑惑地望着爸爸问道,"为什么有害健康,还有这么多人吸烟呢?"

爸爸也看着玻璃橱窗,笑道:"这就要从烟草传入中国讲起了。"琪琪侧脸望着爸爸,眼神中透着不解,爸爸继续说道,"你知道烟草是什么时候传入中国的吗?"

"嗯,是明清吗?"琪琪以试探的口吻问爸爸,看到爸爸微微点头,便肯定道,"是明清!我听老师讲过。"

"不错,但准确地说应该是明朝。在进入中国时,还有一个为人所津津乐道的故事。"

听到故事这两个字,琪琪立刻往前凑了凑,催促道:"什么故事?"

爸爸继续道:"这个故事讲的是在菲律宾吕宋岛上,有一个公主,她死后被丢弃到了野外。但是在她被丢弃的地方长着一种神奇的植物,这种植物散发着香味,公主闻到以后竟然苏醒了。从此'返魂香'便广为传播。"

"那大家都是为了'返魂',才吸食烟草的吗?"琪琪问道。

"并不完全是这样。从史料上看,古人对烟草的嗜好,有一部分是因为古人对烟草的过度迷信。他们认为大人吸食烟草可以驱鬼避风寒,小孩吸食可以治愈疳积,妇女吸食可以治愈体虚。对于他们来说,烟草是老少皆宜、居家常备的药物。"

"不仅如此,古人还认为烟草可以充饥。"爸爸摸摸琪琪的头说道。

"那对于他们来说,烟草简直就是'仙丹'啊!"琪琪睁大眼睛望着爸爸。

爸爸继续说道:"不过,清朝的名医张璐在他编写的《本经逢原》中,

提出了吸烟是会伤害人的五脏的。吴仪洛在他的著作《本草从新》中，直接把烟草归入'毒草'这一类别中。吸烟对人体的伤害是有目共睹的，所以，古代的有识之士才会呼吁大家远离烟草。"

"那皇帝们采取过什么措施吗？"琪琪继续问道。

"当然啦，古代禁烟，最有效果的举措便是让当时的朝廷进行干预。在明朝末期时，崇祯皇帝朱由检就曾颁布过两次禁烟令。1639年，为了保证国民身体健康，由朝廷发出了中国历史上第一道禁烟令。但第二次颁布禁烟令的原因却是因为崇祯皇帝的迷信。因为科学技术不发达，古人多迷信，贵为皇帝的朱由检也不例外。崇祯皇帝乃燕王朱棣之后，京都又称燕京。'烟'与'燕'音相同，'吃烟'就是'吃燕'，有吃掉燕王之后、破燕京之嫌。出于避讳，朱由检下了禁烟令。看来，崇祯皇帝第二次禁烟是为了防止'亡国'。"

琪琪眨巴眨巴眼睛，示意爸爸继续说下去。爸爸会意地继续说道："到了清代，入关后的前几位皇帝都恪守祖训，严格禁烟。那时候，在北京城里吸烟的官员不仅会被炒鱿鱼，还会被关在看守所待两个月和经历鞭刑。普通人要是吸烟，也会被施以重刑，被打四十大板后，再被流放于荒野之中。"

听到这里，琪琪忍不住打了个哆嗦："那哥哥如果生在古代，会不会已经……"

"哈哈哈，不过每位皇帝对禁烟都有自己的态度。清太祖对烟草在边廷贸易中采取严厉措施，尤其限制进口，而康熙帝反对吸烟和种植烟草，主要出于战后人们需要养精蓄锐。由于人口增加，粮烟争地，所有官员、大臣主张限制种植烟草，是为了保证粮田。雍正皇帝虽然自己爱嗜鼻烟，但仍然提倡以种植谷米等粮食作物为主，反对种植烟草。"爸爸笑眯眯地看着琪琪，继续说道，"烟可不是什么好东西，它会让人成瘾。再加上它在我国流传时间久、流传范围广，抽烟渐渐就变成了一件普遍的事。"

"原来如此。那我回去赶紧让哥哥也把烟戒了！"琪琪捏紧拳头，坚定地说。

> **知识点**
>
> "沙发土豆"这个词最早诞生在美国，是那些拿着遥控器，蜷在沙发上，跟着电视节目转的人的代名词。这些人通常什么事都不干，只会坐在沙发上看电视，就像一块放在沙发上的土豆。这个词生动形象地描述了电视对人们生活方式的影响。

《虎门长啸》剧照

第三章　明清时期

第四章 近代

历史文脉传承 下

黄河的怒吼

近代，是中国大变革的时代。这一阶段，既是清王朝统治晚期，也是中国近代史伊始，更是中国半殖民地半封建社会的形成期。在西方资本主义的影响下，黄河流域的经济、政治、交通运输、对外交往、文化生活等都有了明显的转变与发展，中华传统农耕文明深受西方海洋工业文明的

▼ 黄河风光

影响。

在晚清至近代时期，黄河流域同全国其他地方一样，自然经济仍在社会经济中占据主导地位，但不再是社会经济中唯一的主角。伴随着洋务经济、民族资本主义经济以及外资经济的不断涌现，自然经济开始逐步解体，销售产品的商品化水平以及产业专门化水平、生产力水平大大提高，中国的经济结构、产业结构、生产关系也随之发生变化，经济近代化之路由此开启。

在这一阶段，黄河流域的政治也因时代的变化而变化。在西方资本主义政治体制冲击下，以及挽救民族危亡的需求下，黄河流域的政治开始学习西方资本主义政治体制，并结合自身情况不断改革、完善，探索符合国情的政治制度，从而向近代社会过渡。随着时间推移，社会主义政治体制

▲ 黄河风光

受到关注与学习,黄河流域也逐渐发展成为红色基地,其中的陕甘宁边区更是抵御外侵、抗击国民党反动统治的战略决策中心。

经济的发展与交通运输业的发展相辅相成、彼此促进。原始的马车、轿子向近代的自行车、汽车、火车、轮船过渡,土路也一改"旧颜",摇身一变成为近代化的公路、铁路。交通工具、交通路线的更新,带动了运输业的发展——运输量得到显著提升,运输范围也逐渐扩大,国内外贸易运输量与运输速度也有所提高。

伴随着中国进一步卷入资本主义市场,中国的对外交往更加频繁,范围也得到拓展。在中央政府层面,晚清统治者为维护国家利益,将决策权把控在皇帝手中,由总理衙门管理各国事务。为进一步完善外交体制,除中央之外还要落实到地方。地方则由地方督抚、将军等官员实现并完善地方外交。而黄河流域的主要区域——中原地区属于内陆地区,则选择沿河开放口岸,水运型对外贸易也逐渐发展起来。陆上则主要依靠公路、铁路的完善与发展,促进对外交往与对外贸易的繁荣与发展。

在这一历史阶段,黄河文化遭遇中西、新旧文化的碰撞与融合,国学和西学交汇,旧学与新学交汇。黄河文化与长江文化的交流也更加频繁紧密。西方民主、平等、自由的思想浸入传统文化之中,儒家思想的统治地位受到冲击,广大群众对社会价值观也有了新的认识。学习西方文化,提倡科学、道德蔚然成风。新鲜血液的融入,使得黄河文化有了新发展、新契机,人们的思想得到了转变与提高。19世纪中期,马克思主义影响着欧洲社会,并开始传播到世界各地,并于19世纪末传入中国。20世纪初,十月革命的爆发,进一步推动马克思主义思想的传播,中国越来越多的仁人志士开始深入学习马克思主义思想。五四运动之后,马克思主义在我国以更加迅速的速度、更加广泛的覆盖面传播开来。

随着新文化的传播、新风尚的流行,近代,黄河流域的社会生活也有了一定的变迁。旧时烦琐的长袍、马褂渐渐被简洁舒适的改良旗袍、中山装取代;习俗风尚也有了近代化的趋势,传统的婚丧嫁娶趋于自由、简化,从"父母之命,媒妁之言"向"婚恋自由"发展;传统纲常伦理也趋向于自由平等;剪辫放足、破除封建迷信、使用公元纪年法逐渐流行起来;三跪九叩的繁杂礼节也逐渐改为鞠躬、握手等新式礼节。

胶州湾风云变幻，自然经济遇"洋货"

殖民入侵后的对外贸易

知识点

瓜分中国狂潮，指的是19世纪末期，西方列强对我国进行的资本强制输出与租借地的强行霸占，通过划分自己的势力范围，并采取巨额赔款、开放通商口岸、投资建厂、抢夺路权矿权等手段，迫使中国亡国灭种的一种恶劣行径。

老师在历史课上讲道：19世纪末期，帝国主义纷纷在我国划定自己的势力范围，一波瓜分中国的狂潮由此掀起。在这一历史时期，黄河流域下游三角洲的山东胶州湾相继被德国、日本强势霸占。

为了更好地了解具体情况，琪琪回到家后立刻找爸爸，拉着爸爸的手问道："爸爸，在今天历史课上，我了解到从晚清开始，黄河流域的对外交往更加频繁，可是我疑惑的是，在当时那样的乱局中，对外交往是如何开展的呢？"听完琪琪的话，爸爸笑道："鸦片战争后，列强纷纷在我国开辟通商口岸。1858年，在英、法、俄、美四国的强迫与威胁下，清政府被迫与四国签订《天津条约》，在这份条约中，山东登州（后改变烟台）被规定开放为通商口岸。1862年，清政府在山东烟台设海关——东海关，随后在青岛设立了分关，同时在其他地方设常关分卡、代办处。青岛的对外贸易从无序走向有序，管理也更加官方和规范。"

"也就是说，清政府也进行了一定的管理，使得对外贸易相对有序地进行。对吧，爸爸？"琪琪歪着脑袋提出自己的看法。

爸爸摸了摸琪琪的头，欣慰道："一点就通，琪琪真聪明！"

琪琪受到鼓励后继续发问："那这样的贸易往来在物品的交换上有什么具体表现吗？"

爸爸思考片刻后回答道："当时西方国家纷纷向中国输入、推销他们的机器制品，而这些进口货物被老百姓称为'洋货'。西方列强入侵之前，

▼ 圆明园八国联军入侵破坏遗址

第四章 近代

▼第二次鸦片战争天津大沽口之战模拟场景

> **知识点**
>
> 通商口岸，指的是西方列强通过战争等手段，逼迫清朝政府在沿海、沿江城市开放口岸，借此打开中国市场，企图进一步加深对中国的侵略与利益攫取。

我国主要是小农经济与家庭手工业相结合的一种自然经济模式，普通老百姓的基本生活用品差不多都是自产自足，而钟表、玻璃制品这样的'奢侈品'很少有人问津。但是随着市场的进一步扩大，进口的日用品种类不断增加，尤其是一些低端的日用杂货类，比如洋针、洋火、洋布等等。后来，人们逐渐接受洋货，争相趋从崇尚，形成了流行性消费的风气。而我国的自然经济受此影响逐渐解体，城乡商品经济得到发展，农产品商品化水平也有所提高，原有的旧式商业也开始向资本主义商业过渡。当时出口的货物以土货为主，比如山东茧绸、丝、盐等等。

"20世纪上半叶，在日本占领时期，日本的目的则是利用港口、铁路对山东地区的矿产资源进行掠夺。这时出口产品主要为棉纱、铜块、铁矿砂等粗加工货物，进口产品则主要为水泥、石油制品、毛织品等成品。而在所有的进口产品中，日货居于主导地位。"爸爸继续补充道。

"哦，我好像明白一些了！在列强入侵之前，胶州湾还是传统的自然经济模式，老百姓基本的生活用品主要是自给自足、自产自用，部分无法自给的可以在集市上购入。而被德国、日本占领以后，市场逐渐被打开，进出口贸易量也有所增长，更重要的是自然经济逐步解体，农业商品化水平大幅提升。也就是说，农业生产的市场化趋势增强，商品经济逐渐发展起来。"琪琪听完，激动地回答道。

"哈哈哈，没错，琪琪说得非常好！洋货的流行，使人们更充分地认识了它所代表的近代工商业，领悟到近代工商业带来的便利与舒适，也更加了解到近代工商业技术进步的趋势，为当时的社会变革与转型奠定了一定的基础。"爸爸对琪琪的回答十分满意，加深了话题的深度，让琪琪对胶州湾的中外贸易往来有了更深刻的认识。

黄河流域工农互助，共绘近代发展多彩画卷，展现了在内忧外患中奋力寻求进步与发展的历史轨迹

工农齐发展

琪琪放学回到家后，敲开了书房门，探着脑袋问道："爸爸，黄河流域近代工农业是怎么样相互支持、共同发展的呢？"

爸爸思索了一下，有条不紊地分析道："首先，我们要搞清楚的是农业与工业的关系。农业是工业的地基，简单来说，就是农业为工业的发展提供了原材料和发展支柱；反过来，工业则为农业生产提供了生产器材，为农业提高生产力提供了技术支持。"

接着，爸爸结合实际情况具体分析道："举个例子来说。河南位于黄河流域中下游地区，具有先天优势——其光照、气候、地形条件优越，同时，黄河、海河流经河南省境内，水资源充足，这就为农业生产提供了很好的自然条件，奠定了良好的生产基础。

"步入近代，西方列强入侵，掠夺原材料，倾销商品，从而导致农民正常的生产活动被干预，原先的农业生产结构被打乱——鸦片战争以前，自然经济占主导地位，河南种植业的主体一直为粮食作物，比如小麦、高粱、水稻等等；而在这之后，河南出现了专门的经济作物种植区，棉花、烟草、油料作物的种植面积和产量与日俱增。同时，农产品商品量不断增长，商品化水平有所提高，阶级分化也随之发生。"

知识点

河南省农业发达，得益于其优越的自然环境——河南地处亚热带向暖温带过渡地区，气候温和，雨水充沛，日照充足；地形以平原与低山、丘陵为主，土壤肥沃深厚；境内有丰富的水资源。得天独厚的地理条件为农作物生长提供了便利，因此河南省自古以来农业便较为发达。其次，河南省劳动力充足、农业生产工具与技术完备、生产历史悠久，这些都为农业生产奠定了经济社会基础。

▼ 河南省温县麦田

第四章 近代

琪琪有些迷茫，不解地问："也就是说，近代农业生产结构变化、商品化水平提高，为近代工业提供了丰富的生产原料与基本经济支撑。爸爸，是这样吗？"

爸爸看着琪琪，向他竖起大拇指，肯定道："对，琪琪的理解完全正确。

"所以，在这样的基础上，近代工业的发展也提上了日程。但是，与之前类似，由于自然环境等情况各异，黄河流域各地区发展的步伐不尽相同。比如深居西北的甘肃，因交通阻塞、传统制约等原因，近代工业发展落后于其他地区，但也具有优势产业。比如，甘肃羊毛产量相当大，因此手工纺织业较为发达，经济近代化发展也相对较早。1877年，左宗棠在甘肃兰州筹设兰州机器织呢局，并于1880年投入使用。但是他离任不久之后，织呢局的生产便宣告失败。1908年，时任兰州道道尹的彭英甲利用织呢局封存下来的机器，添置了新设备，招收工人，聘请外国工匠，重新投产。织呢局生产的货品对缓解进口洋货对国内市场的冲击发挥了一定的作用。

"到抗日战争全面爆发以前，甘肃的近代工业基础和工业发展整体相对落后。抗战爆发后，东南地区相继沦陷，沿海民族工业内迁。同时，为了确保战略大后方，政府对西北、西南地区提供了一系列优惠政策以促进经济发展。在此期间，化学工业的产生与发展，则为甘肃工业经济的发展注入了新的活力。官办甘肃化工材料厂、雍兴公司兰州实用化工厂等工厂相继创建，并大都附设有制碱、制酸、制药等部门，化工产业更加完备，甘肃化工业至此已初具规模。"

听完爸爸的介绍，琪琪不由感叹近代工业起步、发展的艰难与复杂。爸爸笑道："没错，就拿甘肃而言，其工业生产创造的经济价值在抗战这样的特定背景下取得了较大成功，创造了巨大的工业产值，但并未摆脱半殖民地半封建社会的制约，民族资本较国家资本与官僚资本薄弱、工业门类发展失衡等问题突出。"

黄河流域的近代化探索，如同黄河之水，虽曲折蜿蜒，但终将汇入国家强盛的汪洋大海……

实业救国，教育兴国

"苟利国家生死以，岂因祸福避趋之。"书房里传来一阵铿锵有力的读书声。琪琪轻轻推开房门，将脑袋探进书房："爸爸，您是在看古诗吗？怎么突然背诵林则徐这首诗？给人一种慷慨激昂的感觉。"

"我在看一本研究鸦片战争的书，这下你应该明白爸爸为什么会背这首诗了吧？"爸爸取下眼镜反问道。

"哦，我明白了，原来爸爸在重温鸦片战争呀！"琪琪恍然大悟地拍了拍手。

爸爸摸了摸琪琪的脑袋，语重心长道："一场战争，打破了'天朝上国'的幻象，将国人拉回到现实，让更多的人明白当时的国家、人民处在怎样的水深火热之中。"

"19世纪60年代伊始，清朝封建统治集团为打破僵局，尝试进行自救，在摸索中开展洋务运动。1877年，也就是光绪三年，英国传教士李提摩太前往山西赈灾，并向当地官员宣讲西方科技，深居内地的山西得以有了一个开风气的契机。1881年，张之洞出任山西巡抚，开启了山西的洋务改革，山西自此开始迈向近代化。在山西任职的两年多时间里，张之洞编练军队，购买西洋军用器材，比如枪支、火药；他还奏请清政府并获准在太原创建山西机器局，主要生产在山西操练军队需要的火药，等等。"

爸爸一口气说了好多琪琪从未听过的历史故事，琪琪听完不由惊叹："原来当初洋务运动是这么开展起来的。处在黄河流域的山西，在张之洞的管理下就这样跟上了时代潮流！"

"没错，虽然洋务运动并没有从根源上解决问题，却是清政府探索救亡图存、迈向近现代的一次试验。

"之后，山西历任巡抚在各方面进行改革与尝试，比如岑春煊、宝棻等人。在历任巡抚的助推下，山西的近代化车轮滚滚驶向前方。在教育改革方面，山西巡抚将教育放在首要地位，在教育环境、师生招用、学制改

▲张之洞设立的湖北枪炮厂

变等方面进行改革与创新，率先创办了山西大学堂、省立农林学堂等新式学堂，派遣留学生与游学官员，培养并储备了大批优秀人才。"爸爸的细致讲解，令琪琪对山西近代政务改革产生了更为深刻的认识，也让他对书本上的知识有了更广泛的了解。

爸爸停了下来，问道："琪琪，爸爸讲了这么多，是不是把你绕晕了？"

琪琪两只手叉腰，自信地说："爸爸，您可不能小瞧我。琪琪现在已经学到不少知识，能理解爸爸讲的内容！"

> **知识点**
>
> 洋务运动，19世纪60年代至90年代，晚清统治面临着巨大的危机。面对内忧外患，洋务派开展了一场通过引入西方军用设备以及先进科学技术以达到救亡图存目的的运动。运动前期的口号为自强，后期则是求富，指导思想为中学为体、西学为用。洋务派主要代表人物为恭亲王奕䜣、李鸿章、张之洞等。洋务运动并未触及危机根本，目的还是为了维护清朝统治，这也是它改革失败的根本原因。

"哈哈哈，'士别三日，当刮目相看'，琪琪这几天大有收获嘛！"爸爸向琪琪竖起大拇指，接着讲道，"除了教育改革，山西巡抚还进行了军事改革——通过裁减满军和绿营中过剩的与不切合武装标准的官兵、发展军用工业，来节省军费、编练新军，从而提升队伍的战斗力与近代化水平。

"宝棻还筹建了咨议局——他认为'今日各省设咨议局之设，为地方上级之议会，凡上承顾问，下忠群言，皆属应尽之责任，关系至为重要'，也就是说在他心中，咨议局是一个对上可以提供顾问服务，对下可以采纳建议的机构。"

"嗯，由山西地方发展看来，黄河流域内陆地区的近代化政治虽然相对来说起步较晚，但是发展起来也不输其他地方啊！"琪琪用手托着脑袋叹道。

"是啊。俗话说'黄河宁，天下平'，保障好黄河流域的发展，推动黄河流域的进步，是中华民族伟大复兴、永续发展的关键。无论古今，我们都不能忽视其重要性！"

张绥铁路与陇海铁路，如同两条巨龙，穿越山川，连接东西，见证了中国从苦难走向复兴的壮阔历程……

铁龙疾驰

在高铁上睡了一小会儿，琪琪睁开眼，伸了个懒腰，问："爸爸，我们还要坐多久才到啊？"

"不到半小时啦！"

"这么快吗？"琪琪感到震惊。

爸爸摸了摸琪琪的脑袋瓜，笑道："我们乘坐的是高铁，不像过去的火车，当然快啦！"

"说起火车，琪琪知不知道张绥铁路呢？"爸爸像忽然想起了什么似的，向琪琪问道。

琪琪挠了挠脑袋，面露难色："啊？这……爸爸，这我还真的没听说过。"

看着琪琪抓耳挠腮的样子，爸爸忍俊不禁："张绥铁路，东起河北张家口，西至内蒙古自治区绥远（今呼和浩特），是我国西北建造的第一条铁路。张绥铁路的建造，既改善了西北地区的交通状况，又连接了京张铁路，这对内蒙古的发展具有相当深远的影响。"

"那这条铁路是谁主持修建的呢？"

爸爸卖了个关子："琪琪，你来猜一下？"

琪琪实在想不出来，"爸爸，您就说嘛！"

"是京张铁路的设计者詹天佑！"爸爸脱口说道，"由于种种特殊情况，张绥铁路耗时11年，最终于1920年修建完成。"

"那对内蒙古自治区有什么影响呢？"琪琪歪着头问道。

爸爸回答道："举个例子，现在的内蒙古包头市原本是一个小镇，当时到张家口的陆上交通基本上全部依赖马车，而张绥铁路的开通，则为包头打开了一扇方便之门。包头借铁路之便，成为西北地区重要的货物集散地，也成为北京、天津、陕西、甘肃等地区重要的货品中转站。铁路开通后，包头逐渐繁荣起来，包头的城市布局也发生了相应的变化。"

"原来如此。看来，'要致富，先修路'，不是没有道理的。"琪琪捂着

历史文脉传承 下

▼郑州北站铁路编组站,是衔接京广铁路、陇海铁路的重要站点

第四章 近代

▼ 陇海铁路

第四章 近代

嘴笑道。

爸爸看着琪琪，又提出一个问题："那你知道陇海铁路吗？"

琪琪托着下巴："这个嘛，我只知道现在的陇海线，陇海铁路是不是陇海线的前身？"

"没错，陇海铁路就是现在陇海线的基础，它还有一个很文艺的名字，叫海兰铁路。陇海铁路西起兰州，东至连云港，连接海运港口，横贯甘肃、陕西、河南、安徽、江苏五省。它全长1759千米，串联起我国西北、华中以及华东三大地理区域。"

爸爸端起茶杯喝了口茶，继续道："琪琪知道为什么要叫'陇海'吗？"

琪琪埋头想了想，只回答出一半："我只知道甘肃简称为'陇'，至于'海'，就超出我的知识范围了……"

爸爸看着琪琪，慈祥地摸了摸他的小脑袋，"这'海'字源于连云港，古时候连云港一带被称为'海州'，因而有了这样的简称。"

"原来是这样啊！"

"陇海铁路，作为我国早期修建的铁路之一，由于种种原因，修建过程也相当不易啊！"爸爸看向车窗外，思绪仿佛回到那个年代，"建设陕

▲ 中国高铁

西宝鸡到甘肃天水这段铁路是穿越秦岭六盘山，沿着渭河北岸一路向西的，途中大部分都是在山谷中穿行。一路上山高谷深，地理条件十分复杂，为修建带来相当大的难度。

"这段铁路是陇海铁路修建的一大瓶颈啊！当时，除了这样复杂的地理条件以外，还有就是因为当时正值抗战时期，筑路材料、修建经费、专业人才等资源获取也是相当难，这就是为什么这段铁路历时6年有余才勉强竣工。"

听完爸爸的讲述，琪琪不由得感叹当时修建铁路的不易："想不到一小段铁路，修建起来竟如此费时费力！"

"对啊，陇海铁路，从某种意义上来说，不单单是一条铁路，它更是中国近代史的缩影，它不仅见证了中国风起云涌的20世纪，承载着中华儿女经受的苦难和民族抗争的历史。它诞生于耻辱与觉醒，也注定要在革命的洪流中走向复兴与未来！"

动车疾驰，窗外景色飞速后退，车厢平稳，爸爸的心情却澎湃激昂，久久难以平静……

▼ 江苏连云港：汽车出口忙

第四章 近代

新式学堂促进教育改革

新式学堂

五月过后,雨水渐渐多了起来。

窗外的雨淅淅沥沥下着,屋檐上的雨珠滴滴答答落下,看着这番景象,爸爸脱口吟出一首古诗:"随风潜入夜,润物细无声。"

在一旁看书的琪琪闻言,说道:"爸爸今天兴致真好,还吟诗呢!"

爸爸回过头反问琪琪:"那琪琪知道这首诗讲的是什么意思吗?"

琪琪拍拍胸脯自信地说:"这当然难不倒我!这是诗圣杜甫的诗,表达的是对不求回报、无私奉献精神的赞美,通常被人们用来形容老师。"

爸爸将手搭在琪琪的肩上,看到书上的"我们深信教育是国家万年根本大计"一行字,便说道:"这是我国近代著名教育家陶行知的一句话,陶行知先生为推动中国近代教育发展做出了巨大贡献。说到近代教育,就不得不提常麟书了。"

"为什么?他是什么人?有什么贡献?"琪琪不解。

爸爸开始慢慢地解释:"甲午战争爆发,中国战败,加之戊戌变法的失败,常麟书萌发出教育救国的想法,开始在山西兴办新式学堂。1903年,常麟书将常家学校统一起来,率先创设新式小学堂——笃初小学堂。"

"噢,原来如此。"

爸爸继续补充道:"新式学堂之所以'新',就在于:首先,学堂对学生量体裁衣,依据'优者为甲班,次者乙班,最稚者丙班'的方法因材施教,有助于提高教学质量;其次,课程设置包含天文、算术等科目,内容更丰富,更有利于拓宽学生的知识面与兴趣。除此之外,演讲比赛、图展等活动的开展,也调动了学生学习与探索知识的积极性,提高了学生的综合素养。"

琪琪灵光乍现,眼珠一转,说道:"这和我们现代教育大同小异,可在当时已算是十分先进的教育理念与教育模式了!"

> **小小地理家的话**
>
> 　　1909年，兰州大学前身甘肃法政学堂成立，法政学堂是甘肃最早建立的高等教育学堂之一。
>
> 　　近代以来，黄河流域高等教育总的特点为：采取以国学为主、西学为辅的方法进行运作，变迁的轨迹主要为先模仿后自觉改革、更新。

　　见琪琪如此激动，爸爸忍俊不禁："看来琪琪的领悟能力很强嘛！"

　　琪琪脸红着抓了抓头发，安静地听爸爸继续往下说。

　　"其实，不仅山西进行了教育改革，走上教育近代化道路，黄河流域其他地区也跟上了这波'潮流'。比如，辛亥革命后，陕西创建了陕西省立第一中学，即现在陕西西安中学的前身。另外，在民国成立之初，陕西女子学校也如雨后春笋般出现并发展起来。五四运动后，女性的教育有了崭新的变化与发展，先进文化与思想的传播为陕西女子教育提供了有利条件，男女可同校、两性教育平等的思想传播日盛。"

　　"看来，不只小学堂，中学堂也发展起来了。而且，女子教育也开始受到重视，黄河流域的近代教育环境改善了，教育内容也更加丰富了。"琪琪听完，着急地总结道。

　　"还不止这些，学生出国留学的风气也开始盛行。"

　　琪琪看了看窗外的雨，认真听爸爸往下讲。

　　"清末新政时期，清政府颁布诏令，下旨各省选派学生前往外国留学，比如，民国时期任甘肃省议会议长的阎士璘先生，年轻时曾赴日本，于东京法政大学就读。自1904年至1949年，甘肃省向国外派出了不少留学生。

　　"这些留学生受到国外各种社会思潮的影响，观念有所改变。这对甘肃文化教育事业的革新起到了至关重要的作用。"

　　爸爸说完，见琪琪紧皱眉头，若有所思。

　　琪琪思考了一会儿，恍然大悟道："我明白了，也就是说，在受到传统儒家文化浸润的同时，这些外出留学的学生又吸收了外国的科学文化知识，成为文化载体与文化交流的中介，使得两种不同的文化产生碰撞、交融，而革新了传统的教育方法与模式，黄河流域的文化教育就此产生了新的突破！"

　　爸爸拍了拍手，赞赏道："说得不错！"

历史文脉传承 下

飞鸽传书变电报电话，黄河流域的通信变迁，如同一部精彩的电影，记录了从慢节奏到快生活的时代飞跃

邮来电往

这天，爸爸突然翻出了从前收到的来自四川战友的信。琪琪看着有些泛黄的信纸，不禁问道："爸爸，您怎么有这么多信，是因为你们那个时候很流行写信吗？"

爸爸摩挲着手中的信封，开始回忆起来："是啊，当初我们的通信往来基本上全靠书信，不像现在网络这么发达，要联系很远的朋友，只需几秒钟信息就传过去了。"

> **知识点**
>
> 民信局，明代宁波商人首创，主要负责寄递信函、物料等，总店位于上海，各地区设有分店与代办店，并相互协作运营，形成了相对完备的民间通信网。

"其实，近代以来，四川的通信业才逐渐步入正轨，邮局、电报、电话这些近代通信才逐渐出现并兴起。"

"噢，当初的飞鸽传书是不是也被逐渐取代了呢？"琪琪歪着脑袋问。

"是逐渐被近代通信工具代替了。毕竟'烽火连三月，家书抵万金'的漫长等待，的确很消耗时间与人们的期待。而近代通信工具相对来说要快捷、方便不少。"爸爸解释道。

"1901年，成都'大清邮政成都分局'创立，这标志着成都第一个国家邮局建成，并与其他官方通信组织，邮驿、文报局等并存。而在成都民间，民信局则负责百姓的信函快件的收递。"

"啊？当时信件还要分为官方与非官方，有这么复杂的吗？"听爸爸这么解释，琪琪感到更加迷糊了。

"确实如此，但是在1935年，当时的'中华邮政'便统一经营四川的邮件往来了。而四川第一家正式成立的官办邮局其实更早，它开办于1897年2月，是由重庆海关寄信局改成的大清邮政官局——当时的重庆还隶属于四川。"爸爸细细回忆道。

"爸爸知道的真多啊！"琪琪感叹道。

"只要琪琪好好学习，将来也会跟爸爸一样的。"爸爸接着回忆道，"而与四川毗邻的青海省，也是在1906年设置了最早的邮局，当时这个邮局是设在道台衙门附近的一所民房之中，在成立之初，只有一名职员。"

"虽然比四川稍晚，但是青海的邮政发展比我想象之中要早！"

"是啊。1913年，青海西宁与甘肃平番（现甘肃永登）之间还架设了电报线路，西宁电报局也于同年创设。"

爸爸直了直身子，脑袋里此时好像安了一个时间表一样，将近代黄河流域上游的通信发展状况滔滔不绝地输送出来："而宁夏回族自治区的电信事业，也得追溯到清光绪年间——1890年，为加强边疆防务，清政府由东向西架起从西安到新疆的电报干线，这也为宁夏电报业的发展打下了基础。1903年，宁夏府电报分局设立，宁夏电报通信就此拉开了序幕。"

说到这儿，爸爸顿了顿："其实电报出现之后，普通百姓的通信水平并没有很明显的改善，技术的限制、高昂的价格，对于寻常百姓而言，还是难以承受。"

听完爸爸的分析，琪琪若有所思："对啊，当时的技术，好像并没有完善到能够覆盖整个中国，而且成本相对来说也特别高，所以对于一般人而言，还是信件往来更实用一些。"

"那其他邮电通信方面的发展情况呢？"琪琪对黄河流域源头的电信事业感到十分好奇，又继续发问。

爸爸想了想，回答说："1929年，宁夏建省，宁夏省政府装了一部电话交换机，以方便军政机关之间的通话往来。到了1933年，宁夏省城设置了长途电话局，在与市内电话归并后，改称为宁夏电话局。

"在青海，部分机构的无线电专用电台相继设立。1930年，西宁电话局创建，并装了电话交换机，开通了市内电话。1931年，利用电报路线，西宁电报局开通了西宁到兰州的省际长途电话，人们之间的虚拟距离进一步缩短。到1944年，西宁电信局还开放了无线电话……"

耳边，爸爸的回顾还在继续，早起的琪琪却撑不住沉重的眼皮睡着了。在梦中，他仿佛看见黄河上游的通信线路日渐完善，逐渐交错成了一张密密麻麻的巨网，一根根网络触手不仅触及全国各地，更伸向全球各国、各地区。

▼5G智造工厂

从服饰到饮食，从居所到出行，反映了黄河流域近代生活的变迁

时尚"新风"

琪琪和爸爸一同观看《大红灯笼高高挂》，注意到剧中人物的服饰在传统与近代改良之间穿插——巩俐饰演的颂莲穿着红色旗袍与学生装。这些服饰有的显示出传统服饰的华丽、烦琐，有的又透露出改良后的清丽与简洁。

"爸爸，剧中的这些服饰好多都和近代的服饰特点相符。由此看来，当时黄河流域的人们也是紧跟时代潮流，走在'时尚'前沿哩！"琪琪一边看着电视，一边和爸爸开着玩笑。

正聚精会神看电视的爸爸听到琪琪的话，不由得笑道："哈哈哈，琪琪看电视挺认真，观察得很仔细嘛！这部电影不仅在情节上反映了当时的实际情况，也将当地当时的社会生活细节尽量还原了出来。这部电影说的是山西人的生活情况，我给你说说陕西人的生活情况吧。

"虽然陕西省地处内陆，交通相对闭塞，信息交流也相对比较落后，但随着经济的发展，陕西和外界接触更加频繁，社会生活也产生了相应的变化。"爸爸由此及彼，很快就联想到当时陕西人的社会生活。

"哦，原来如此。爸爸，那当时的人们在衣食住行方面有什么具体的变化吗？"琪琪暂停了电影，想更加深入、系统地了解当时陕西人的社会生活情况。

爸爸摸了摸头，从自己的"知识库"中搜索了一会儿，回答道："在中西文化交融及人口流动等的影响下，陕西人的思想观念渐渐开放，服饰发展也逐渐多样化。民国初年，留学生归国后带回了西服，部分留学生、官员开始推崇西服并以之为时尚。到了20世纪20年代末，中山装被认定为中国正式礼服。中山装在保留西装简洁干练的特点同时，与中式服装的庄严、郑重等风格相结合，还有中山装在价格上也明显低于西服，因此陕西城市男子十分推崇中山装。

"而陕西女士中则流行穿旗袍。旗袍取自于中国传统袍服，又借鉴西

历史文脉传承 下

▼陕西省宁强县青木川古镇

第四章 近代

式服饰的款型，在不断改良中形成了这种新式服装。旗袍免去了传统服饰缝制、搭配的烦琐，逐渐由宽松向紧贴腰身、突出女性曲线美的方向改进。在陕西，不同身份、阶层的女性都崇尚旗袍，旗袍的款式、面料也会因身份、出入场合不同而产生差异，比如社会地位较高的女性，更倾向于穿着大方得体、端庄高贵的丝绸旗袍；而女学生则更多选择青布旗袍。"

"原来日常穿着还有这么多讲究啊！"琪琪不禁感叹道。

"可不是嘛，一件普通的衣服其实蕴藏着不少学问呢，就像我们生活中一些看似不起眼的小事背后隐含着不少玄机一样！"爸爸满脸认真地解释着。

"都说'民以食为天'，此话不假。步入近代，陕西人的饮食习惯在沿袭传统与地方特色之外，也吸收了西方饮食的习惯与特色，比如当时已有面包、牛排、啤酒、罐头等西式食品。不仅如此，移民的迁入也为陕西的餐饮菜系带来了变化——各式各样的菜系聚集并交融，川菜、粤菜等在当时的西安都非常有名。"讲解完陕西当时的饮食变化，爸爸开始谈起当时陕西人的住所，"由于陕西独特的地貌特征与气候类型，陕北、关中、陕南的建筑形式也不尽相同。关中主要是三合院和四合院这样的传统庭院式建筑，陕北则主要是土窑。20世纪20年代之后，关中和陕南地区吸收、借鉴西方的建筑特点与建筑技术，比如陕南宁强县的青木川魏氏家族修建的'洋房子'，就采用了中西合璧的方法。相对而言，陕北窑洞的变化就不大。"

琪琪听完爸爸的描述，立刻跑到书房的地图前仔细观察陕西的地理位置及地形，大致弄明白了陕北、关中、陕南的区域后，不由得感叹："看来，哪怕在同一个省内，不同地区在地形、气候，甚至习惯、风俗上都有如此大的差异！"

爸爸点点头，说道："没错，由于地形地势的阻挡，群体之间也有相当大的差异。"

接着，爸爸开始讲起通行方面的变化："在陕西居民的通行方面，'东洋车'一类的人力车逐渐取代轿辇，开始流行。后来，经国人改良，人力车向黄包车转换，变得更加舒适、实用。再往后，出现了汽车、火车，修建了公路、铁路等等。陕西近代的交通脉络在时代发展中，逐渐形成并完善。"

文化交融奏响黄河流域近代生活新乐章

新式娱乐活动

周末,恰逢《流浪地球》上映。琪琪和爸爸一起去看电影,看完电影,琪琪不禁感慨道:"不得不说,现在我国的电影制作将特效和荧幕观感都提高到了一个新的层次。短短几年的时间里,科幻电影的水平就有了很大提升!"

爸爸也不由得感叹:"还真是,想当初,处在黄河上游的青海,电影可是一个新奇的娱乐项目哟!"

听爸爸这样说,琪琪十分好奇:"爸爸,您快给我讲讲!"

"就拿西宁来说吧,1930年,山西商人从外地带来影片,在西宁第一次放映电影。这在当时掀起了相当的热度,大家对这种新式娱乐方式都感到好奇。"

对比今日的电影,琪琪很难想象那时电影播放的场景,于是忍不住问道:"那当时放的电影是怎样的呢?"

爸爸转过头看了看琪琪,说道:"当时只有黑白的无声电影,可不像现在,不仅是彩色的、有声的,还有3D、4D技术。"

"这个我知道,毕竟当时技术有限嘛。"

"是啊,还远不止这些——在购入电影放映机后,也不是所有人都可以去看电影的,只有少部分达官贵人才能观看,大部分人是看不起的。"

琪琪闻言,心中很不是滋味儿。

爸爸看琪琪这个样子,宽慰道:"其实,伴随着电影的出现,西宁人的思想逐渐产生了变化,对新鲜的、先进的事物也有了新的认知。同时,外界信息也通过电影向西宁传播,也促进了西宁同外界的交往,有益于开化人们的思想,更新社会风气。"

爸爸顿了顿说:"夏衍曾说过:'在文化的意义上讲,电影是一种极有力的教育工具。'无论有多少人看过,这群人转述给他人的观感也是一种积极的传递嘛!"

▼ 河南洛阳：应天门3D激光投影秀上演

▼ 上海：3D光影秀融合文化艺术与科技创新

> **小小地理家的话**
>
> 黄河文化是中华文化的起源,我们不仅要去粗取精、辩证看待,更要与时俱进、推陈出新、吐故纳新,使之符合时代特色,继续滋养中华儿女的精神家园。

"那当地还有其他的娱乐活动吗?"琪琪望着爸爸问道。

"有啊。在清光绪年间,西宁县县令萧承恩离任时捐银200两,作为香水园的修园基金,使香水园得到改观,供居民游玩。1932年,'香水园'更名为'青海省立第一森林公园',随后陆陆续续建了湟中公园、麒麟公园等,供大家游玩、野餐,有时候还会表演秦剧呢!"爸爸讲得兴致勃勃,好像置身于那样热闹的环境中似的。

琪琪摸摸下巴,看起来一本正经的样子:"他们当时的娱乐活动也不少嘛!"

"可不是。这是在黄河上游,而位于黄河入海口的山东青岛还出现了帆船运动——1904年,德国人便在青岛举办了帆船比赛。1920年,由英国人开创的帆船俱乐部也在青岛建立,自此俱乐部制度得以建立,俱乐部会员也有了稳定的活动场所,文体活动也有了更规范的保护规则。"

"哇,这样看来,当时的娱乐活动真的相当丰富呢!"琪琪两眼放光地惊叹道。

"除去娱乐活动,近代黄河流域的传统习俗也有了新变化。"爸爸补充道,"就比如说婚姻吧。长期以来,由于受封建纲常伦理的束缚,陕西女性在生产、生活等各方面毫无话语权。而在步入近代后,社会风气逐渐开化,妇女们的文化素质也有了提高,受到西方婚恋观念的影响,妇女们的择偶标准、婚恋观、家庭观都有了一定的改变,传统的包办婚姻、男尊女卑和家长制的封建制度、礼仪习俗也产生了动摇。"

"1927年,在冯玉祥管理陕西期间,陕西民政厅还发布了相关通令——比如妇女放足等。"

"嗯,这样的习俗革新才是有意义的!"

爸爸肯定地点了点头,并向琪琪竖起了大拇指。

后记

从提笔到付梓，这位名叫琪琪的小男孩和爸爸已然在无数次的策划会中、键盘声中有了越来越清晰的轮廓，他和我们的读者一起探寻不同的学科领域，感受不同的学术氛围。回顾琪琪和爸爸走过的每一处知识王国，每一册图书的正式出版，背后都少不了认真付出的学者与编辑。我们回顾过往，感谢每一位创作者的付出和希望出版社编辑的辛勤耕耘。

感谢该系列丛书的主编许强教授，他立足于我国黄河和黄土高原的保护治理之千秋大计，和读者们一起探寻黄河上中下游自然景观、历史沉淀、文明传承、环境保护以及绿色发展的点点滴滴。此外亦要感谢该系列丛书的课题支持：国家自然科学基金重大项目课题（课题编号：41790445）；四川省社科规划普及项目（课题编号：SC20KP021）。同时，丛书也是成都理工大学的国家自然资源科普基地、四川省科普基地和四川省社科普及基地团队合作的成果。

琪琪的故事还在未完待续中，期待您和这个小男孩一起，解锁不同知识殿堂的更多可能。